BLACK CANDY

Miova Mba Hanova

Black Candy
Teny fankasitrahana

"Black candy dia fanadihadihana feno momba ny fandrindrana ny fiovana izay nasalotra tantaram-pianakaviana. Natao ho an'ireo olona maniry hanangana zava-baovao ity." ~ Kary Oberbrunner, mpanoratra ny Your Secret Name, The Deeper Path, Day Job to Dream Job, sy The Elixir Project.

"Ity boky ity dia manome torohevitra maro ho an'ireo olona hafa fiaviana maniry hanorim-ponenana ao Aostralia... Ireharehan'ireo mpifindra monina rehetra aty amin'ny faritra avaratr'i Aostralia ity" ~ Dr Edwin Lourdes Joseph JP, Filohan'ny Foibe ara-kolotsaina marolafy ao amin'ny faritra avaratr'i Aostralia (MCNT)

"Ity boky ity dia fanehoana mazava tsara ny fanantenana sy sedra iainana rehefa hifindra monina any amin'ny firenena hafa. Ny hakamaroan'ny tantaranao dia maneho ny zavatra niainako avokoa raha nonina tany amin'ny firenena hafa aho!" Madeleine Faught, filohan'ny fanavotana ny tany mando, NSW, Aostralia.

"Boky manentana sady maneho ny lalan'olona iray izay tsy mba nihemotra manoloana ny ady sarotra satria fantany fa afaka misedra ny zava-drehetra izy" ~ Atoa Sungkher Er, Singapour.

"Mahaliana tanteraka.", Kathy Hawley, Darwin, Aostralia

"Mahafinaritra tsotra izao", Belinda, Nigeria.

"Mampitsangam-bolo ...!", Roxy Nicole, USA

Hevitra momba ny boky

Elaela kely vao azoko ny fizotry ny tantara. Tamin'ny voalohany dia noheveriko fa fitambarana sombin-tantara izy ity; nazava tamiko avy eo fa fitambarana tranga maro manodidina ny sedran'ny fifindra-monina ilay izy. Tantara mikasika ny faniriana, sy ny herim-po hiroso, ary ireo sedra maro lalovan'i Black candy. Voangaly tsara, toy ny diary ny tantara. Hain'ny mpanoratra ny nandritra ny fihetseham-po tao amin'ny tantara ka nahafahan'ny mpamaky nangoraka azy. Mila ho re mihitsy ny fahatoniana amin'ny feony, ny fahakiviany, ny ahiahiny, ny fikirizany tsy hiala mora. Be ny nolalovany, ary raha mba izaho no teo amin'ny toerany dia tena efa natahotra ny amin'ny fiainako aho. Toe-javatra mampidi-doza izany hoe mamelona fianakaviana kanefa tsy an'asa, indrindra any amin'ny tany feno fanavakavaham-bolokoditra. Nila fotoana naharitra ilay mpandray anjara fototra vao tafatombona teo amin'ny toerana misy azy, raha zohina ny tantara dia tsy haiko ny tsy hibanjina ny fikirizany. Tsy dia nisy ny diso tsipelina, ary voarindra tsara ireo "toko" rehetra. Tsy mba voasembatsembana mihitsy ny fizotry ny tantara.

Nampilaza zavatra goavana ho avy ho an'ireo mpandray anjara tsirairay ireo toko. Ahitana vanim-potoana mamirifiry izay iarahan'ny mpamaky misento amin'i Black Candy, vanim-potoanan'ny tahotra, sy ny fahadisoam-panantenana ary ny hafaliana raha nahavita dingana iray ilay boky. Notsindriany mafy koa ny hoe tsy irery mihitsy ianao anaty ady sarotra. Misy foana ny olona vonona hanampy anao. Tena nahakasika ny fiainana ankapobeny ny tantara, hany ka mora ho an'ny olona ny mandray ny toeran'i Black Candy.

Ny hany nanahirana ahy kely dia ny lohatenin'ireo toko. Tsara kokoa raha manaraka rafitra iray ilay izy, mba hanan-danja kokoa. Tsy dia manova ny tantara loatra izany, fa ho ahy manokana dia tsy nety kely izay. Mety hafa ny fandraisan'ny hafa azy anefa.

Tsy dia manana ambara firy mikasika ny famintinana sy ny fanolorana aho. Sahaza tsara ny misitery sahaniny ary mampangetaheta ny mpamaky tokoa.

Dawn 885, Dubai

BLACK CANDY

Miova Mba Hanova

Ilay diabe mankany Aostralia

Ho avy tsy ho ela...

Tantara ho an'ny lehibe:

Black Candy, Feon'ny Fanantenana
Black Candy, Nofy Ratsin'ny Mpianatra
Black Candy, Besaboha
Black Candy, Taranaka Hoavy

Boky ho an'ny ankizy:

Eo Anivon'ny Riaka. Anglisy, Frantsay ary Malagasy
Eo Anivon'ny Rahona
Eo Anivon'ny Kintana
Eny an-Dalàna
Eo Anivon'ny Firenena
Hazo avy tamin'i Nenibe

BLACK CANDY

Miova mba Hanova

na

Ilay diabe mankany Aostralia

Nosoratan'i

Angelo Razafimamonjy

Ity asa soratra ity dia tantara nisy fa tsy angano. Ireo tantara rehetra voalaza ato dia avy amin'ny fahatsiarovako sy ny fomba fijeriko avokoa. Mba hitandrovana ny fiainan'ireo olona nifanerasera tamiko dia novaina ny anarana sy ny antsipirihan'ny tantara. Tsy misy ahiana ny raketin'ity boky ity. Raha misy fitoviana anarana na lohateny dia vokatry ny fifandrifian-javatra fotsiny ihany izany.

Black Candy, Miova mba Hanova – Ilay diabe mankany Aostralia © 2021 nosoratan'i Angelo Razafimamonjy. Zon'ny mpanoratra voaaro.

Natonta tany Australia

Navoakan'ny Black Candy, PO BOX 1614 Darwin NT 0801
www.blackcandyoz.com

Ity boky ity dia mirakitra singa arovan'ny Lalàna sy fifanarahana iraisam-pirenena miaro ny zon'ny mpanoratra. Voarara ny fampiasana na fanatontana tsy nahazoan-dàlana ity boky ity. Tsy azo adika na afindra ity boky ity, na amin'ny fomba elektronika na mekanika, na koa dika mitovy, na fitehirizam-peo, na tahiry hafa raha tsy misy alàlana avy amin'ny mpanoratra.

Famantarana: ISBN: 978-0-64866-362-1 (paperback)

Azo jifaina amin'ny endrika boky tsotra sy boky elektronika ary horonam-peo.

Ny andinin-tsoratra masina rehetra dia nalaina tao amin'ny Baiboly Masina, dikateny New International Version®, NIV® avokoa. Zon'ny mpamorona © 1973, 1978, 1984 araka ny Biblica, Inc. TM nahazoana alalana Zondervan. Zo voaaro maneran-tany.

Ireo adiresy aterineto rehetra (tranokala, blog, sns.) ary ireo laharana finday hita ato amin'ny boky dia natao ho fampahalalana tsotra ihany.

Ny fonon'ny boky dia nataon'i RebeccaCovers

Ho an'ireo Ray aman-dreniko, izay nanabe ahy ho tia fanamby lehibe.

Ho an'ny vadiko, izay natoky ahy sy nanohana ahy mandrakariva tamin'izay sedra nolalovako rehetra.

Ho an'ireo zanako, izay nanome anton'ny fikasako rehetra.

Ho an'ireo olona rehetra maniry ny hiaina anaty tontolo tsy miangatra, sy hanana fiainana tsaratsara kokoa

Ho an'ireo rehetra nanohana anay tamin'ity tantara tsy manam-paharoa aty Aostralia ity.

Ho an'ilay namana tsiambaratelo izay niaraka tamiko mandrakariva hatramin'ny voaloham-pofon'aiko.

LOHATENY LEHIBE

TAPANY VOALOHANY ILAY NOFINOFY AOSTRALIANA IRIO NY FIOVANA 5

TOKO 1 HOENTIKO ANY IANAO 7

Kotro-baratra tao amin'ny hotely 7

Homeko anao izao tontolo izao 9

TOKO 2 NY FIANDOHAN'NY TANTARA 11

Irery Ianao Raha Hendry Loatra 11

Mahajanga, Tanàna Malaza 11

Fihavaozana 12

Aferam-Boay 12

Namana Tena Misy Patsa 13

Ny Vady Azo Fa Ny Vola Lany 14

Ilay Tsiambaratelo 15

Harena Sarobidy 16

Aleo Anatiny Toy Izay Ivelany 17

TAPANY FAHAROA VELOMA RY TANINDRAZAKO ATOMBOHY NY FIOVANA . 19

TOKO 3 MAHERY NY NOFY 21

Ry Mpanonofy O! Andeha Hatao Ilay Izy! 21

Mahery Ny Dingana Voalohany 22

Sedra Miampy Sedra 23

Voaray Kanefa Tsy Ilaina 25

Tapi-Dàlana 26

Diso Iray, Diso Jiaby 27

Miandry Rehefa Tsy Hanao Kolikoly 27

Tsy Mety Lafo Ny Fiara 28

Vehivavy Mahery Fo 28

Varavarana Iray Mikatona, Iray Hafa Misokatra ... 29

Ela Ny Miandry 30

TOKO 4 SAROTRA NY MANAO VELOMA 33

Anjakao Ny Vola 33

Mpialona 35

Finoana Arahin'asa 36

Nahavita Be! 37

Niara-Nifandrimbona Avokoa Ny Rehetra 39

Lanitra Iray Ihany No Lolohavina 40

Nanjavona Tsikelikely 42

Namana mitafy nofo 42

TOKO 5 MANDEHA TSY ANKIVERINA .. 45

Aostraliana mamangy an'i Madagasikara 45

Namana lavitra nefa akaikin'ny fo 46

Tsy mino 47

Vaovao Mahakivy 48

Fianakaviana Iray, Tapakila Iray 49

Tsy Nampoizina 50

Ela Ny Ela, Lasa Ihany Ikala 52

Ento Aby Ny Forongo 53

Lehibe Iray, Ankizy Iray 53

Lasa Izao! 55

Mihinana, Matory, Dia Mijery Sarimihetsika 56

TOKO 6 TONGASOA ATY AOSTRALIA ... 57

Perth, Seranambe 57

Fiatoana Telopolo Ora 57

Darwin, Paradisa sa Helo? 58

Ilay Finday Mena Kely 59

Anjely Mifanesy 60

NT-Bus, Siokam-boronkely, Rabevolombava 62

TOKO 7 TANY EFITRA NO MANDIMBY NY RANOMASINA.. 67

Kely Sisa Dia Tsy Hanan-Kialofana 67

Nahazo Trano Fa Tsy An'asa 70

Krismasy Miavaka 71

Fiara avy Tamin'ingahibe Noely 72

Tongasoa Aty Amin'ny Tanin'ny Fahoriana.......... 73

Mainty Anivon'ny Fotsy 74

TOKO 8 MISY NAMANA HATRANY HATRANY 77

Tafahitsoka tao Berrimah Farm aho.................... 77

Avotra Ihany 78

Ny Tantarako No Sisa Fananako 79

Vanim-potoan'ny fahafahana 80

TOKO 9 MITOLONA MBA HO VELONA.......... 83

Jery Todika 83

Alina Fotsy... 84

Fanavakavaham-bolon-koditra amin'ny endriny vaovao.. 85

Mbola misy fanantenana raha mbola velon'aina... 86

TOKO 10 ILAY MPANDRESY AO ANATINAO AO 89

Resy 89
Olana tsy misy fiafarany 89
Nahazo loka iPad aho 90
Andramo ihany aloha 91

TAPANY FAHEFATRA ARARAOTY NY FIAINANA IAINO NY FIOVANA 93

TOKO 11 MIZOTRA MANKANY AMIN'NY FIAINANA MENDRIKA 95

Kihon-Dàlam-Piainana Hafahafa 95
Tsy misy Asa hoan'izay Marary 96
Arahabaina Leitsy a! 97
Herinandro Nahafinaritra 98

TOKO 12 ORAM-BARATRA SY MASOANDRO MIBALIAKA 101

Ilay Alina tany amin'ny Hopitaly 101
Vaovao tsara 101
Efa Mitondra Ny Anaranay Io 102
Ny Lafy Ratsiny 104

TOKO 13 DINGANA LEHIBE 107

Afaka Mangataka Visa tsy Manam-Petra amin'izay 107

Manimanina an'i Madagasikara 108

Raikitra Indray ny Fanomanana Entana 113

Fambara Pesta 115

Vonona Hanainga amin'izay 119

TAPANY FAHADIMY NY VESATRY NY LASA TSAROVY NY MAHA IANAO ANAO 125

TOKO 14 HAZAKAZAKA TAO CHANGI 127

Fanavotana ny dia 130

Fanantenana vaovao 143

Tsingerin-taona mangidy 150

TOKO 15 TONGASOA ATY SINGAPOUR 159

Antsika ny Tany Manomboka Eto 162

Afoizo Any Izany 166

Saram-pandefasana Vola 168

Lamandy 169

Aloavy Ny Trosa 169

Fanantenana ny amin'ny Fiantohana ny Dia 170

  Manala Azy ! 171

  Misy Zavatra Tsara Manangasanga 173

  Fahadisoam-Panantenana Tany Madagasikara .. 174

  Fitsangatsanganana Nahafinaritra.................... 175

  Veloma ry Paradisan'ny Orkide 177

TOKO 16 MIVERINA MANOMBOKA TANTARA VAOVAO 179

  Inona Indray Ny Manaraka? 179

  Miasa avy Hatrany 180

  Fitsidihana an'i Kakadu.................................. 182

TAPANY FAHENINA FIOVANA METEZA HO FIOVANA 183

TOKO 17 FANDINIHAN-TENA..................... 185

  Doko Roa.. 185

  Resaka Visa ilay Raha 186

  Miova mba Hanova 187

TOKO 18 ENIM-BOLANA TATY AORIANA 192

  TENY FAMARANANA 195

TENY MIALOHA

Efa nahita "black candies" na vatomamy mainty ve ianao? Mainty ny lokony, kanefa dia mitondra hamamiana amin'ny fiainana izy. Toy izay koa aho; manana zavatra be dia be hatolotra ny fiaraha-monina aho. Mety hoe manirery ao anaty fiaraha-monina aho indraindray, noho ny antony maro toy ny – volon-koditro, izaho moa teratany malagasy rahateo, ny lasako, hany na ny mety tsy fahaizako koa aza – kanefa tsy ho toy izany mandrakizay aho. Hitraka aho ho amin'ny fahamendrehana ary hokatsahiko ny nofiko ny ho amin'ny rariny sy fiainana tsara kokoa. Tsy hitaraina aho, fa kosa handray ny hoaviko an-tànana. Indraindray isika mahatsapa fa toy ny zavatra tsy ho tanteraka mihitsy izany hiaina anaty fiaraha-monina tsy mitanila izany. Kanefa tadidio, fa ny hany ilaina dia ny nofy, ny finoana ary namana akaiky vitsivitsy tapa-kevitra ny hanova.

Anisan'ny olana lehibe atrehin'ny fiaraha-monina ankehitriny ny tsy fanana-namana, na eo ara ny teknolojia izay hahafahan'ny olona manana namana aman'arivony ao amin'ny Facebook (FB). Nahoana ary no mbola mahatsiaro ho irery ihany isika? Fa maninona isika no tsy manana fahatokisana hahafahantsika mitondra fiovana amin'ny fiainantsika? Satria tsy mahasolo ny finamanana amin'ny tena fiainana ny J'AIME sy PARTAGE ao amin'ny FB. Satria ny tena namana dia ireo vonona hanatrika sedra miaraka aminao ka manohana anao ao anatin'ny sarotra, milaza ny marina aminao raha toa ka diso ianao, ary miara-paly aminao rehefa tafita ianao.

Manoratra ity boky ity aho ho fisaorana ireo namako – Malagasy sy vahiny – noho ny fanampian'izy ireo nandritra ny fikatsahako fiainam-baovao tany Aostralia. Nanome ahy ny fahatokisana hanatanteraka ny faniriako ianareo. Teo ianareo raha nandao an'i Madagasikara aho, teo ianareo raha sahirana aho nanorim-ponenana tany Aostralia, nanavotra ahy ianareo raha injay tavela tany Singapour aho ary niaranifaly tamiko ianareo raha iny afaka niverina tany antanindrazana aho sy ny fianakaviako. Tsy mba nanilika ahy ianareo na dia hafa loko ary aho. Noho izany, tena mendrika ny fankasitrahako manontolo ianareo.

Angelo Razafimamonjy na Black Candy

IREO FANAFOHEZAN-TENY

AMEP: Tetik'asa fampianarana teny anglisy ireo mpifindra-monina
CD: Kapila mangirana
HR: Sampana misahana ny mpiasa
JET: Fanabeazana sy fiofanana momba ny asa
MCNT: Foibe ara-kolotsaina marolafy ao amin'ny faritra avaratr'i Aostralia
IELTS: Rafitra iraisam-pirenena fitsapana teny anglisy
UNDP: Fandaharan'asa iraisam-pirenena momba ny fampandrosoana

TAPANY VOALOHANY
ILAY NOFINOFY AOSTRALIANA
Irio ny fiovana

TOKO 1
HOENTIKO ANY IANAO

Kotro-baratra tao amin'ny hotely

Nivoaka ny banky aho rehefa avy nilahatra ora maromaro tao mba hahazoako torohevitra momba ny karatra Visa. Mila izay karatra izay mantsy aho hanafarana singa ho an'ilay Land Rover-ko amin'ny aterineto. Sosotra aho satria hitako fa ny vahiny no tsara karakara eto Madagasikara, raha toa ka sahirana lavitra ireo teratany malagasy vao mahazo fahafaham-po amin'ny maha mpanjifa azy.

Ny vahiny no mitondra ny fiara tsara indrindra; misidina arak'izay tiany. Mihinana sy misotro amin'ireny hotely lehibe manerana ny renivohitra ireny izy ireo, ary monina amin'ireo trano sy trano fandraisam-bahiny raitra indrindr eto an-tanàna. Mety hihevitra angamba ianao hoe fialonana fotsiny ny ahy. Tsy manome tsiny anao aho. Fa andeha isika hiaraka hiaina ilay takariva iray nandehanako tany amina trano fisakafoanana iray tao an-drenivohitra, ho tsapanao ny ratra niainako.

Fanoo Raza no anarako; tia fanamby aho. Ella no vadiko, ary manana zanaka efatra izahay: i Sandy telo amby folo taona, i Grace valo taona, i Sissi telo taona ary ny faralahy sady lahitokana, Lolo izay vao roa taona monja. Mpanonofy aho ary be finoana tokoa. Meteza hiaraka amiko fa vao hanomboka ny tantara.

Nanana fotoana tamina vahiny Aostraliana iray aho iny alina iny, tao amina trano fisakafoanana tao Ankorondrano, Antananarivo. Tonga mialoha aho mba hahafahako mizatra an'ilay toerana. Niakanjo tsara aho, kanefa raha injay nandingana ny varavaran'ny trano fisakafoanana aho, dia nijerijery ahy avokoa ny olona rehetra tao satria Malagasy Mainty hoditra aho, ary ngita volo. Tsy dia noraharahiako izany fa, naka toerana aho, ary nisotro ranom-boankazo mandra-piandry ny vahiniko, Bob.

Natsiro ny sakafo, ary rehefa vita izay dia niresadresaka ny zavatra mahafinaritra indrindra eto Madagasikara izahay. Variana nidera ny hatsaràn'ny tanindrazana aho no indro nisy ramatoa iray nanaka-dresaka, ary nanomboka nitanisa ireo toera-mahagaga rehetra eto amin'ny Nosy, hatramin'ny toerana izay tsy mbola ary henoko akory.

Nanebaka ahy izy raha namarana ny teniny hoe "Vous avez encore beaucoup à apprendre sur Madagascar, cher monsieur", izay midika hoe "Mbola mila mamantatra an'i Madagasikara ianao, andriamatoa". Nandratra fo izay teny izay.

Nahoana aho no tebahina toy izany? Toy ny kotro-baratra nitobaka tato am-poko izany fanafintohinana izany. Ary kisendrasendra fotsiny fa, nanorana ny andro tamin'izay, reko ny kotro-baratra tao ivelany.

Ilay mpiara-miasa tamiko, Anderson, no niezaka nanafaka ahy tamin'ny fahafaham-baraka niainako. Nazavainy tamin'ilay ramatoa nanebaka teo fa tsy mahagaga raha tsy dia mahafantatra loatra an'i Madagasikara ireo Malagasy tompon-tany satria tsy manana fahafaha-mividy hanaovana zahatany na "tourisme" izy ireo.

Tamin'izay fotoana izay no nanao fanamby tamin'ny tenako aho fa tsy havelako hahare teny toy izany intsony ny zanako. Nanapa-kevitra aho ny hanorim-ponenana any amina tany misy fahafahana, hahafahako miaina toy ny tompon-tany, miasa am-pahamendrehana ary manangombola hahafahako mitondra ny fianakaviako miala sasatra sy mitsidika tany maro – indrindra fa ny higoka ny hatsaran'i Madagasikara.

Nohararaotiko io fotoam-pisakafoanana io hahalalàna bebe kokoa momba ny tanin'ny faniriako, Aostralia. Niala ilay trano fisakafoanana izahay tamin'ny 10:30 alina teo ho eo, ary nody tany amin'ny reniko aho. Ny ampitson'iny kosa ho any Moramanga, ilay tany fonenako.

****

Tapa-bolana taty aoriana

Homeko anao izao tontolo izao

Tsy mba mpanome fanomezana ireo olona akaiky ny foko aho amin'ny andavanandro fa rehefa amin'ny fotoana miavaka toy ny tsingerin-taona, krismasy na fetin'ny mpifankatia ihany aho no mba manao izany. Tamin'ity taona ity anefa, tsy nanam-bola mihitsy aho tamin'ny tsingerintaonan'ny vadiko.

Dimy arivo ariary izay misanda dolara iray no tato ampaosiko ary efa lany ny volako tany amin'ny banky. Hatrizay anefa aho nanolotra firavaka volamena ho an'ny vadiko foana rehefa tsingerintaonany. Nila nitady zavatra lafo vidy noho ny volamena aho, nefa tsy hindrana vola amin'olonkafa koa.

Niantsena nanodidina an'i Moramanga aho, ary rehefa niaritra atsasak'adiny teo dia nahita zavatra hatao fanomezana ihany. Kilasy famaranana, nanomana ny fanadinana "Baccalauréat" ny vadiko, ka nihevitra aho fa fanomezana mifandraika amin'ny fianarany no mety indrindra ho azy. Nandefasako simeso izy hoe "homeko anao izao tontolo izao satria tiako loatra ianao!"

Tonga ny tsingerin-taonany. Nandritra ny sakafom-pianakaviana, dia noraisiko ilay boaty kely nisy bolantany kely ka natolotro azy. Tsy mbola hitako faly be toy izay izy hatrizay nifankahalalanay. Teo no niantomboka ny fikasanay hifindra any Aostralia, noho ilay bolantany kely tokoa no nahatonga izany rehetra izany.

TOKO 2
NY FIANDOHAN'NY TANTARA

Irery Ianao Raha Hendry Loatra

Mora raiki-pitia tamin'ireo tovovavy tsara tarehy aho – ireny toa oliravina ireny – na dia tsy dia tsara tarehy loatra aza aho. Saingy indrisy mantsy fa tsy mba nahay nitazona azy ireny aho. Nandao ahy mandrakariva izy ireny ary nony ela ny ela dia lasa navesatra tamiko ny ratra-pitiavana navelan'izy ireo tamiko.

Nanova famindra aho rehefa nisaraka tamina mpanao gazety paotakely, tsara tarehy sady maranitra izay aho, fa nampirafy ahy izy. Fantatro tamin'izay fa tsy mba tia hatsaram-panahy sy fahamarinana ny vehivavy.

Nanapa-kevitra aho ny tsy hiditra amina fitiavana matotra intsony. Toy ireny 'bad boys' ireny, dia nanomboka nilalao vehivavy aho, ary raha ny marina aza dia toa nety tamiko izany.

****

Mahajanga, Tanàna Malaza

Indray andro, narary mafy aho ary tsy mba nisy olona afaka nanampy ahy. Raha nahatsikaritra ny fahasahiranako mihetsika i Josie, mpifanolo-bodirindrina amiko, dia niresaka momba ana tovovavy iray mety hifandraika tamiko.

Izaho rahateo efa nanjary sahisahy ka nikasa ny hihaona amin'ilay tovovavy any Mahajanga aho, toerana iray izay tena mahafinaritra amin'iny faritra andrefan'i Madagasikara iny. Namandrika trano tao amin'ny Mada Hotel aho. Tamin'izay fotoana izay dia efa nifanao fotoana tamina tovovavy iray hafa tao Antananarivo, renivohitr'i Madagasikara koa aho ny ampitson'iny.

Nankany Mahajanga aho mba hihaona amin'ilay tovovavy noresahin'i Josie tamiko. Tena tsara tarehy izy, ary ny endriny dia nanambatra ny hatsaran'ireo tovovavy notiaviko taloha. Izy rahateo moa toa tia ahy ihany, na dia tsy tena azoko antoka aza. Nandeha teo amoron-dranomasina izahay ka niara-nankafy masikita, menaloky atono, akondro voaendy sy mangahazo atono miaraka amin'ny zava-pisotro "STAR". Nahafinaritra ny fotoana, ka dia nifanaraka izahay fa hihaona indray any Antananarivo, toeram-ponenako, afaka roa tokom-bolana.

****

Fihavaozana

Ny ampitson'ny fotoananay dia nody tany an-tanàna aho ary nanapa-kevitra ny hanadino ireo fotoanako rehetra amina vehivavy hafa. Nandritra ny roapolo andro aho no nisahirana, niaraka tamin'i Vince namako, nikarakara ny trano fa handray vahiny.

Ilay efitranoko izay tsy nahitana afa-tsy fandriana iray sy latabatra misy solosaina dia navaozina tanteraka. Nasiana talantalana vaovao, vata fahitalavitra, lakozia vaovao, sns.

Tonga ara ilay andro hahatongavan'ny mpanjakavaviko ao amin'ny lapany. Ella no anarany, ary tena mendrika azy ny safidiko. Tsy misy mahasakana ny tena fitiavana rehefa tonga ny fotoany.

****

Aferam-Boay

Manga feo i Ella, izaho kosa tia mitendry gitara.

Anisan'ny tena tianay ny mihirahira takariva. Nitombo isan'andro ny fifankatiavanay, ka tonga ny fikasana hivady.

Tany Marovoay i Ella no nipetraka tamin'izay, tany fanta-daza amin'ny famokaram-bary any amin'ny faritra andrefan'i Madagasikara; izaho kosa nonina tany Andavamamba, anisan'ireo faritra tsy nilamina indrindra teto an-drenivohitra.

Na teo aza izany aferam-boay izany, izahay kosa tsy ratsy endrika sy masiaka toy ireny voay ireny.

****

Namana Tena Misy Patsa

Rehefa nifanaraka tamin'ny daty sy ny fomba hanaovana ny vodiondry ny ray aman-dreny roa tonta dia nikarakara ny vola sy izay ilaina rehetra aho. Renault 4L no fiarako tamin'izay, fiara tranainy kanefa tsy mataho-dalana. Tena faly aho nanana azy. Na dia antitra aza ny fiarako, dia tena natoky aho fa hahavita hitondra ny fianakaviako any Marovoay, toerana hanaovana ny raharaha izany.

Raha momba ny vola indray, dia kely ny karama noraisiko satria roa andro isan-kerinandro ihany aho no niasa. Orinasa mpitrandraka nikela no niasako. Na dia izany aza, ampy ny tahiriko hiantohana ny lany rehetra amin'ny raharaha raha tonga ara-potoana ny karamako manaraka. Indrisy anefa fa tsy tonga ilay izy. Ilay taratasim-bola navelako tany amin'i Stanislas namako anefa dia tsy nanandanja raha tsy misy vola ao amin'ny kaontiko. I Stanislas, ilay mpitendry piano niaraka taminay, dia mpitam-bola tao amina orinasa kely iray. Izy no nitady vahaolana mba hahafahan'ny fianakaviako sy ny fiarako nanainga.

Misy namana foana amin'ny fotoan-tsarotra, ary tsy voatery ho marobe toy ny ao amin'ny Facebook izy ireny, fa vitsivitsy kanefa mahatoky no ilaina. Amin'izy ireny dia tsy maintsy misy foana iray tsy manary anao.

****

Ny Vady Azo Fa Ny Vola Lany

Nirindra sy nilamina ny raharaha. Androtr'iny ihany no nankana an'i Ella, nivoaka an'i Marovoay, araka ny fomba. Tany amin'ny tranon'ny havako tany Mahajanga no nandry izahay ny alina sy ny ampitson'iny ka nankafy ny rivo-dranomasina sy ny tora-pasiky ny *"Village Touristique"* niaraka tamin'ny namana sy ny fianakaviana. Tena faly aho, kanefa nanomboka nanahy ny amin'izay ho avy manaraka eo.

Azo ity ny vady, kanefa tena tsisy vola hiainana intsony. I Ella anefa mba mendrika fari-piainana tsara ao amin'ny tokantrano vao. Tsy resy lahatra aho ny amin'ny hoe hindram-bola. Nipetrapetraka teo amoron-dranomasina aho, nakipiko ny masoko ary nivavaka aho. Tampoka teo dia naneno ny findaiko, ilay mpampiasa ahy no niantso. Nambarany tamiko fa mila misolo tena ny orinasa any Foulpointe aho afaka roa andro. Toerana fitsangatsanganana anisan'ny tsara indrindra amin'ny faritra atsinanan'i Madagasikara i Foulpointe. Nambarany fa homena tambim-bola ho an'ny fiantranoana, sakafo sy fiara aho amin'io asa io.

Voavaha ny olako, ho afaka hanao volan-tantely mahafinaritra izahay sy i Ella. Aza maika ny hamoy fo satria misy fiafarany avokoa ny fijaliana rehetra. Tsy misy hahasakana ny fanirianao raha tsy manary toky ianao.

****

Ilay Tsiambaratelo

Any Madagasikara, indrindra amin'ny fomba Tsimihety, dia misy fanontaniana apetraka amin'ny mpampaka-bady hitsapana ny fahalalany an'ilay ho vadiny. Mandritra ny raharaha dia misy fotoana olona hafa no atolotry ny fianakavian-dravehivavy ho vady. Indraindray aza ankiafina mihitsy no atao. Kanefa, hafa mihitsy ilay tokako izay, ary fantatro ny antsipirihany rehetra mahakasika azy, araky ny fihevitro.

Manan-talenta amin'ny fanorana sy ny fitsaboana amin'ny alalan'ny tsindry tondro aho. Sendra nanotra ny tanan'i Ella aho indray andro mba hanalana ny aretin-dohany ka teo no nahitako fa misy holatra eo amin'ny ankihibeny havia izay mitovy tanteraka amin'ny ahy izay eo amin'ny ankihibeko havanana. Ny ahy fotsiny lehibebe kokoa.

Tamin'ny faha iraika amby roapolo taonako no nahazoako io holatra io. Nisy nanafika ny tranonay tamin'izay ka niady tamin'ilay jiolahy aho. Tataky ny sabatra ny tanako tamin'izay.

Ny an'i Ella kosa dia tamin'ny faha fito amby folo taonany no nahazoany ny holatra. Nikarakara sakafo izy tamin'izay fa nisy fetim-pianakaviana lehibe. Tataky ny antsy ny tanany. Toa kisendrasendra ihany izany kanefa nanorina mafimafy kokoa ny fifankatiavanay sy ny faharesenay lahatra fa tena anjara ny anay roa.

Raha misy olona manontany ny zavatra iraisanao sy ny olon-tianao, inona re no havalinao e? Ny anay efa mazava tsara.

Voasokajy ho anisan'ny mariazy dimy tsara indrindra tao Antananarivo ny anay mivady araka ny fandaharana iray tao amin'ny televiziona nationaly tao Madagasikara. Ary nahagaga fa nanambara izany koa ny gazety iray tany Japana.

****

Harena Sarobidy

Talohan'ny niasako tao amin'ny fitrandrahana tao Moramanga, dia mafy ny sedra niainako. Nampanantena asa tale ara-teknika ana toerana fandraisam-peo sy mozika ahy ny havako iray raha iny aho niala tamin'ny asako taloha amin'iny maha tale mpitantana ny foiben'ny tantsaha tao Moramanga ahy iny. Nankany Mahajanga aho noho izany asa izany. Nony tonga tany anefa aho dia nataon'ilay havako ho toy ny mpiasa tsotra ihany. Nalahelo mafy aho, ka voatery niala tamin'ilay tetikasa. Ny mpiasa tokoa manko toy ny firavaka sarobidy; manjelatra izy rehefa apetraka amina rafitra mendrika azy.

Soa ihany fa nahazo asa tao amin'ny Programa Fampandrosoana ataon'ny Firenena Mikambana (UNDP) aho enim-bolana taty aoriana. Mpanolo-tsaina no asako tamin'izay. Nahazoako traikefa betsaka ny fiasako tao, olona efa matihanina sy mitana toerana ambony no nifaneraserako tao. *Indraindray mikatona ny varavarana iray, fa misy iray hafa kosa misokatra.*

Ity asa vaovao ity no nahafahako nisidina sy nitsidika tanan-dehibe maherin'ny folo manerana an'i Madagasikara nandritra ny dinik'asa sy fampiofanana samihafa. Ny tanjona dia ny handrafitra ny tatitra malagasy voalohany momba ny fiovàn'ny toetr'andro.

Ramatoa iray izay no lehibeko tao. Nahafinaritra azy ny niara-niasa tamiko noho ny fomba fijeriko sy ny fahaizako, ary indrindra ny vazivaziko. Indrisy fa fohy ihany ilay tetikasa – enim-bolana fotsiny dia niverina tsy nanam-bola sy tsy an'asa indray aho.

Afaka roa volana dia niantso ahy indray ilay mpampiasa ahy tao amin'ny UNDP. Nanolotra ahy asa any amin'ny toeram-pitrandrahana ny harena an-kibon'ny tany, 100 km miala ny renivohitra izany, izy. Nandeha tany aho. Tontolo hafa mihitsy no niandry ahy tany, kanefa tafavoaka ihany aho.

Voatondro ho mpiandraikitra mpanampy ny fiahiana ny tontolo iainana tao amin'ny toby fitrandrahana nikela sy kobalta tao Moramanga aho.

Nanana ahiahy aho momba ny vola ilaiko mandritry ny volana voalohany iasako any. Nambarako an'i Lala, ilay mpampiasa ahy izany. Novaliany anefa fa tsy mila na inona na inona aho fa efa antohana avokoa izay ilaiko rehetra – sakafo, akanjo, trano ary fiara ivezivezena. Toa tsy mampino e!

Nikasa ny hijanona amin'io asa io farafaharatsiny herintaona aho, kanefa afaka enim-bolana niasana mafy 24/7 tao amin'ny toerana voatokana, dia nisy vahiny manampahaizana amin'ny fitantanana ny tontolo iainana nandroaka ahy indray.

****

Aleo Anatiny Toy Izay Ivelany

Nilazako ilay tale mpitantana fa hiverina hianatra aho. Mbola mikasa hiasa ho mpanolo-tsaina roa andro isankerinandro ihany aho raha ilaina. Fantatr'io lehibe io ny fomba fiasako na dia mbola tsy ampy traikefa loatra aza aho.

Nahafinaritra azy ny niara-niasa tamiko.

Niangavian'ilay tale mpitantana ilay olona nandroaka ahy hanomana tolotr'asa ho ahy. Nankany anaty ala voaaro aho mba handinika sy hivavaka.

Rehefa vita ny vavaka sy ny fieritreretana nataoko tany anaty ala, dia niresaka tamin'ilay manam-pahaizana momba ny tontolo iainana nandroaka ahy aho. Ny tanjony dia ny hamolaka ahy. Nataony ho tompon'andraikitry ny fanarenana ny toby fitrandrahana aho, tsy noheverina mihitsy anefa izany. Izany hoe mijanona any aho na dia tsy dia misy asa lehibe hatao akory raha tsy afaka roapolo taona any ho any. Mbola ho ela manko vao harenina ny ala.

Nanaiky ihany anefa aho ny hijanona amin'ilay orinasa, eny fa na dia voaroaka aza i Lala namako. Hoy izy hoe tsara kokoa amiko ny ao anatin'io orinasa io noho ny any ivelany.

Afaka adiny telo dia nankany amin'ilay tale mpitantana aho. Faly tokoa izy nahita ahy mbola voatana tao amin'ny orinasa. Ny tena nahafinaritra dia niroborobo ilay sehatr'asa fanarenana nataoko. Nahafaly ny orinasa tokoa izany. Nitombo arak'izay ny fifampitokisana nisy teo amin'ny mponina sy ny orinasa ary ny fanjakana malagasy.

Ilay tsorakazo nokasaika handratrana ahy indray no nanjary tehina nitondra fandresena namirapiratra.

TAPANY FAHAROA
VELOMA RY TANINDRAZAKO
Atombohy ny fiovana

TOKO 3
MAHERY NY NOFY

Ry Mpanonofy O! Andeha Hatao Ilay Izy!

Manana nofy marobe aho – hitsidika an'i Sydney, hitsidika an'i Afrika, hijery mivantana ny lalao fiadiana ny tompon-daka maneran-tany momba ny baolina kitra, hanana zanakavavy tsara tarehy sy zanakalahy mahatehotia, hitondra ny Land Rover-ko manokana.

Nanofy koa aho ny hanana ankohonana mankasitraka ny hatsaran'ity nosy tokana ity rehefa avy nahita ireo firenena hafa. Nanofy ny hiangaly hiran'ny The Beatles anaty fampisehoana, ny hilalao gitara eo anatrehan'olona maro, ny hamoaka hira eo amin'ny sehatra iraisam-pirenena, ny hiara-hihira amin'ireo zanako, ary ny hiaina fiainana finaritra anaty firenena anjakan'ny rariny sy ny filaminana.

Samy tanteraka avokoa ireo nofy rehetra ireo nony nandeha ny fotoana, satria nifikitra tamin'izy ireny aho ary nino tokoa fa mety ho tanteraka izany. Satria nino ny nofiko aho, dia nanomboka niasa mba hanatanteraka azy ireny, ary tsy nijery izay mety ho fotoana hahavitana izany.

Nanana namana avy any an-danitra aho, teo anilako teo foana izy. Ny hany fandreseny tamiko dia ny tsikitsikiko. Toa nibitsibitsika tamiko izy hoe "Ry mpanonofy o! Andeha hotanterahina ilay izy!"

****

Mahery Ny Dingana Voalohany

Lohatenina sarimihetsika no ahafantaran'ny maro an'i Madagasikara fa tsy ny maha firenena azy. Maro ireo tolotra amin'ny tranokala aterineto, toy ny resaka fiantohana na famandrihan-toeram-piaramanidina, izay tsy nampiditra an'i Madagasikara tanaty lisitry ny firenena ifampiraharahana akory. Kanefa, vokatry ny nivahinianako in-droa tany Aostralia, dia resy lahatra aho fa tsy ho sarotra ny ahazoana visa. Nikaroka tamin'ny Google ny visa fifindra-monina ho any Aostralia aho ka nahita ny tranokalan'ny DIBP. Matetika aho no manokana ny fotoam-pisakafoanako atoandro hijerevana ny fombafomba rehetra amin'ny fifindrana monina.

Ny nofinofiko dia ny hitondra ny ankohonako any Aostralia. Samy mila pasipaoro avokoa ny tsirairay aminay noho izany.

Nanokatra kaonty SkillSelect aho, sehatra fangatahana asa any Aostralia izy io, ka nameno ireo taratasy elektronika rehetra ny tena mba hahafahan'ireo mpampiasa aostraliana mahita ny mombamomba ahy, mety hanohana ny fangatahako visa koa izy ireo. Indrisy anefa fa tsy nisokatra ny kaontiko raha tsy efa nahavita ny fitsapana teny anglisy IELTS aho. Naoty 6.0 amin'ny 9.0 no farany ambany takiana amin'ireo taranja rehetra (vakiteny, hay soratra, fahaiza-mihaino ary fahaiza-miteny). Nila fankatoavana ny fahaizana sy traikefa ananako avy tamin'ny sampana aostraliana miandraikitra izany aho.

Mety haharitra roa taona arak'izany ny fikarakarana rehetra. Indray mandeha isan-taona ihany no misy ny fanadinana IELTS any Madagasikara, ary somary mampiomehy fa io fanadinana teny anglisy io dia atao ao amin'ny sekoly frantsay lehibe indrindra ao Antananarivo.

Manodidina ny AU$400 ny saran'izany fanadinana izany, karaman'olona ambony mandritra ny roa volana izany aty. Vola tahiry no nandoavako izany vola izany. Nanomboka teo ary ny fiomanana.

Nianatra mandrakariva aho rehefa fotoam-pisakafoanana atoandro. Nanakaiky ny vanim-potoanan'ny krismasy 2013 tamin'izay. Niomana foana aho na dia efa nandritra ny fialan-tsasatra aza. Ny mba hahazo naoty tsara no tanjoko, izay mantsy no mba fanomezana krismasy tsara indrindra tiako ho ahy.

Natao ary ny fanadinana, ary natoky tena tsara aho. Nony nivoaka anefa ny valim-panadinana dia 6.5 no naoty azoko tamin'ny ankapobeny, 5.5 tamin'ny fihainoana, izay no nampihantona ny "équivalence d'expérience et de qualification".

Kivy aho, kanefa nikiry hamerina ny fanadinana ihany ny taona manaraka, ary tena hanomana tsara amin'izay. Isaorana an'Andriamanitra fa nanomboka nampanao fanadinana indroa isan-taona amin'izay ny *Lycée Français* nanomboka ny taona 2014. Nisoratra anarana tamin'ilay fanadinana amin'ny volana Aprily 2014 aho ary nahazo salan'isa 7.5/9 tamin'ny ankapobeny ary 8/9 tamin'ny fahaiza-miteny. Oe!

****

Sedra Miampy Sedra

Ny dingana manaraka dia ny fankatoavana ny fahaizana sy ny traikefa nananako, izay mbola nandoavam-bola be ihany koa satria nila nadika amin'ny teny anglisy avokoa ny taratasy rehetra, ary mpandika teny vita fianianana ihany no afaka manao izany. Maro ny mpandika teny ao Tana, kanefa telo ihany no manana io fahazoandàlana io. Hobio, namako sady mpampianatra teny anglisy, no nanampy ahy hitady mpandika teny. Myriam no anaran'ilay olona hitanay, ary AU$30 isaky ny pejy ny sarany.

Raha jerena ireo taratasy rehetra mila adika – karapanondro, fanamarinam-pahaterahana, naoty tany ampianarana, diplaoma, rakitra an-tsoratry ny asa, fanamarinana ataon'ny polisy – dia dimy amby enim-polo no fitambarany, izany hoe mitentina AU$1,900 izy rehetra. Mira MGA 2,000 ny AU$1 tamin'izany. Vola be izany aty Madagasikara. Naloako in-dimy ilay vola, ary noezahiko naloa tanteraka tao anatin'ny dimy volana.

Nalefa tany amina sampana governemantaly antsoina hoe VETASSESS io fangatahako fankatoavana ny maripahaizana io. Naloa tamin'ny alalan'ny "chèque de banque" ny AU$790 saran'izany. Sedra iray hafa koa izany satria tsy afaka anaovana fandoavam-bola amin'ny aterineto ny karatro avy amin'ny banky. Nandramako avokoa ireo karazana karatra rehetra kanefa tsy nisy nety. Farany, taratasim-bola no nampiasaiko nandoavana ilay vola. Mbola azoazo ny tahan'ny vola MGA/AUD tamin'izany. Tokony naharitra telo volana teo ho eo fivoahan'ny fankatoavana. Kanefa enim-bolana taty aoriana dia mbola tsy nisy vaovao ihany.

Nandefa mailaka ho an'ny biraon'ny VETASSESS aho, ary ny valiny azoko dia hoe tsy ampy intsony ilay vola naloa teo aloha noho ny fihenan'ny sandam-bola malagasy Amin'ny fotoana ahavitan'ny fankatoavana ihany mantsy vao alain'izy ireo ilay vola. Mazava ho azy fa tsy mitovy intsony ny tahan'ny vola afaka enim-bolana. Niverina tao amin'ny kaontiko ilay vola, ny saram-pandefasana ihany no niala tao. Soa ihany, fa namoaka ny karatra "Visa Libra" ny bankiko tamin'izay, ka afaka nandoa vola tamin'ny alalan'ny aterineto amin'izay aho.

****

Voaray Kanefa Tsy Ilaina

Azoko ihany ilay fankatoavana nandrasako ny 26 jona, andro fankalazana ny fahaleovan-tena malagasy. Tamin'izay andro izay vao nety nisokatra tanteraka ny kaontiko SkillSelect.

Ny olana anefa dia miova isan-taona ny lalàna aostraliana mikasika ny fifindra-monina ny voalohan'ny volana Jolay. Izany hoe havaozina amin'io andro io ny lisitry ny asa ahafahana mifindra monina.

Indrisy mantsy fa tsy tao anatin'izay lisitra izay intsony ilay asa nangatahiko, dia ny ho mpanolo-tsaina amin'ny sehatry ny tontolo iainana. Tsy afaka ahazo fahazoan-dàlana honina mandrakizay any Aostralia aho. Na dia izany aza, afaka nangataka fahazoan-dalàna amin'ny fe-potoana azo havaozina aho.

Nikaroka tao amin'ny Google aho, ary nahatsikaritra fa ny faritra avaratra, "Northern Territory", no hany tanàna sisa afaka manohana ahy amin'io sehatr'asa tadiaviko io. Nieritreritra aho nandritra ny roa volana, ka tapa-kevitra ny hiroso, hangataka fanohanana avy amin'ny Governemantan'ny Faritra Avaratr'i Aostralia. Maimaim-poana izany satria taratasy nitovy tamin'ny fangatahana fankatoavana fahaizana sy traikefa ihany no notakiany, miampy fanamarihana fa manana namana aostraliana aho.

Afaka iray volana, ny 13 Novambra 2014, dia nahazo valiny mahafa-po aho. Nambarany fa ho avy tsy ho ela ny fanasana hampiditra fangatahana visa aho afaka fotoana fohy. Teto no niatomboka ilay fotoam-piandrasana lavabe vaovao indray.

Nijery mailaka isan'andro aho, nanantena fa efa niditra ilay fanasana, kanefa tsy nisy na inona na inona mandra-pahatongan'ny taom-baovao. Tsara fiantombohana anefa ny taona vaovao izany satria tonga ihany ilay fanasana ny farany.

****

Tapi-Dàlana

Hatreto dia ilay fanasana hametraka ny fangatahako visa no dingana lehibe indrindra tratrako tamin'ny fikarakarana ny taratasy. Fanamby vaovao no niatomboka tamin'izay, sady mampientanentana tokoa no feno mistery.

Nila nandoa AU$9,000 aho ho an'ny DIBP. Tsy afaka nandoa izany tamin'ny kaontiko anefa aho noho ny fahasarotan'ny fandefasana vola any ivelany raha avy eto Madagasikara, fa indrindra koa noho ilay olana niseho tamin'ny VETASSESS. Niangaviako i Anderson, ilay teratany anglisy nampiasa ahy, mba hampiasa ny karany amin'ny banky handoavana ny saran'ny visa.

Ny 9 Janoary 2015 no nataonay izay. Nalala-tanana ery i Anderson ka niantoka ny 10%-n'ny vola. Nankasitrahany manko ny fahasahiako sy ny herim-poko. Any amin'ny toko mikasika ny fanangonam-bola no horesahina bebe kokoa ny niavian'ny ambim-bola niantohana ny fifindrana monina.

****

Diso Iray, Diso Jiaby

Telo volana taty aoriana vao namaly ahy ilay mpikarakara ny visa. Nangataka fanamarinana ara-pahasalamana izy. Mafy ny tahotra tamin'izay satria raha sendra misy iray amin'ny fianakaviana no tsy ara-dalàna dia ho lavina daholo ny fangatahanay rehetra. Noho izany, nanao fizaham-pahasalamana tany amin'ny sehatra tsy miankina aloha izahay vao tena niatrika ilay fizahàna ofisialy. Nitombo avo roa heny arak'izany ny vola lany tamin'iny, nefa aleo manao izany toy izay manenina. Isaorana ny avo fa salama tsara avokoa izahay tamin'izany.

Tsy maintsy nitady ilay mpitsabo tokana hany ahazoana fanamarinana ara-pahasalamana ekena any Aostraliana aho mba hanaovana ny fizahana. Hitako tao amin'ny aterineto ny mombamomba azy, ka niara-nandeha tany amin'ny toerana nisy azy ka niaraka nanao ny fizahàna izahay mianakavy.

****

Miandry Rehefa Tsy Hanao Kolikoly

Nisosa avokoa ny zavatra rehetra. Indrisy anefa fa nanambara ny governemanta malagasy fa tsy manan-danja intsony ireo pasipaoro taloha fa mila soloina vaovao, elektronika.

Noho izany dia tsy maintsy miakatra any Antananarivo indray, handoa vola sy handalo sedra hafa hanoloana ny pasipaoro. Namikitra tamin'ny nofinay anefa izahay mianakavy kely ka tsy kivy.

Mety haharitra tapa-bolana ny fanovana pasipaoro, iray andro kosa anefa izany raha manao tsolotra ianao. Izaho anefa manana fitsipi-pitondratena mazava, ka naleoko nifidy ny lalan'ny fahamarinana. Voatery niandry ela kokoa izahay, kanefa tsy nampaninona ahy izany.

****

Tsy Mety Lafo Ny Fiara

Nandroso ny fotoana, nila nanapa-kevitra izahay raha hanao fitsapana IELTS koa i Ella vadiko; na tsia dia mandoa sazy AU$5,000 satria olona tsy miteny anglisy no ao anaty fangatahana.

I Ella moa tamin'izany tsy niteny anglisy akory ka dia nanapa-kevitra izahay ny hivarotra ilay fiaranay Land Rover Freelander ary handoa ilay sazy. Tsy nahitana mpividy anefa ilay fiara satria tsy nahasarika olona ny karazany.

****

Vehivavy Mahery Fo

Iray volana ihany no fe-potoana anananay hanapahana hevitra ny amin'ny fangatahan'i Ella visa. Nanaiky ny hianatra teny anglisy haingana i Ella ary nanao ny fitsapam-pahaizana. Be herim-po tokoa ity vadiko ity. Nianatra andro aman'alina i Ella. Tsy nahasakana azy ny tabataban'ireo zanakay – i Sissi, telo taona, sy i Lolo, roa taona. Niezaka mafy izy, tsy nitsahatra raha tsy narary. Tsy nety kivy mihitsy.

Nisoratra anarana hanao fanadinana IELTS ny 13 Aprily izy, ary 4.5/9 no naoty farafambaniny nenjehiny. Niara-niakatra tany Tana izahay mivady. Natoky tena tsara izy ny maraina nandritra ny taranja fihainoana sy famakiana. Nony hariva kosa dia tena kivy izy. Tsy nahateny na inona na inona izy tamin'ny fahaiza-miteny.

Nitohana ny lalana nony nody izahay satria nisy fiara nidona teo Ambanitsena, tanàna kely 30km miala ny renivohitra, ka naharitra adiny telo teo ny fitohanana. Tamin'ny 11 ora alina vao tafiditra an'i Moramanga izahay.

Niezaka i Ella ny ho eny am-pandriana, kanefa nitolefika izy. Nomenay sy i Sandy siramamy iray sotrokely izy, ary nanao ny fomba famelomana aina vonjy taitra izahay mba hamerenana ny ainy.

****

Varavarana Iray Mikatona, Iray Hafa Misokatra

Afaka roa tokom-bolana dia nivoaka tao amin'ny aterineto ny valin'ny IELTS. Indrisy fa 2.5 fotsiny no naoty azony. Nitomany izy. Betsaka mantsy ny ezaka nataony nanomanana io fanadinana io. Nisy niantso izahay ny hariva. Misy hividy ny fiara. Haleloia! Nikatona ny varavarana iray, nisokatra kosa ny iray hafa.

Nanahirana ny fombafomba natao tamin'ny famarotana ilay fiara, nataonay ihany anefa izay ahazoana ny vola ilaina hanaovana ny fangatahana visa vaovao ho an'olona tsy miteny anglisy. Nandeha tany amin'i Anderson, ilay mpampiasa ahy indray aho, mba hanaovana ilay fandoavam-bola tamin'ny aterineto. Taratara vao tonga ilay mailaka nanamarina ny fandoavam-bola ka niahiahy aho nony niala ny biraony.

Nanoratra tany amin'ny paositra aostraliana aho momba izay. Nangataka tamiko ny mombamomba ny karatra bankin'i Andreson ireo. Tsy azoko atao anefa ny mangataka izany taminy. Hany nataoko dia niantso an'I Dr. Bob, ilay namako tany Syndey aho ary niresaka taminy.

Nanome toky ahy izy fa tsy nisy ahiana ny rafitra fandefasana vola any Aostralia. Nampitony ahy tokoa izany teniny izany.

****

Ela Ny Miandry

Nanoratra tany amin'ny mpiandraikitra ny Visa tao amin'ny DIBP aho hanamarinana ilay vola naloanay farany teo sy ny fe-potoana hahafantarana ny fanapahan-kevitra farany momba ny visa. Namaly ahy izy ireo herinandro taty aoriana fa voaray ny vola naloa. Tsy mbola misy fanapahan-kevitra kosa ny visa satria natsahatra vonjimaika ny fangatahanay noho ny fahataperan'ny taona fikarakarana ny fangatahana fifindra-monina. Tsy maintsy niandry telo volana indray izany izahay.

Narary indray i Ella noho ny fitaintainana be loatra. Niditra hopitaly nandritra ny herinandro izy ary tokony nivoaka ny 7 Jolay 2015. Tamin'io andro io indrindra no naharay mailaka aho fa nahazo visa izahay. Tsara anie izany vaovao izany e! Oe, Tafita ihany!

Visa sokajy 489 ahafahana miasa any amin'ny faritra lavitra no azonay. Visa maharitra efatra taona izy io. Tsy mahazo anjara amin'ny fanampiana sosialy avy amin'ny governemanta izahay ny roa taona voalohany, ary fa kosa manana zo tanteraka hiasa sy hianatra any amin'ny faritra.

Amin'itony karazana visa itony dia mila miasa tontolo andro mandritra ny herintaona izahay, ary tsy maintsy monina ao amin'ny faritra avaratra (NT) mandritra ny roa taona mba hisokafan'ny fahazon-dàlana hipetraka any mandrakizay. Avy amin'izany no mety hahazoana zompirenena aostralianina afaka efa-taona.

Nandritra ny fotoana nanomanana ny visa dia nanentana ny ankohonako foana aho hihira amin'ny teny anglisy sy hamaky bokin'ankizy amin'ny teny anglisy mba hizarany tsikelikely. *Skateboarders* no lohatenin'ilay boky.

Nahaliana ery ny nijery ny fahazotoanay rehefa mamaky tantara toy ireny. Natoky tena avokoa ny rehetra fa ho tanteraka amin'izay ilay diabe mankany Aostralia.

Samy nanana ilay faniriana avokoa ny tsirairay. Araka lay hiran'i Diana Ross izay tena ankafizin'ny zanakovavy manao hoe *'If we hold on together, our dream will never die'*.

Eny tokoa, hotanteraka ity ny nofinofinay.

TOKO 4
SAROTRA NY MANAO VELOMA

Anjakao Ny Vola

Ny mpanankarena ihany no anatonan'ny vola hoy ny fitenenana. Indrisy mantsy, tsy mba isan'ireny aho. AU$2,000 ihany no volanay tao amin'ny banky tamin'ny andro nahazoana ny visa honenana any Aostralia.

Mila tonga any Aostralia avokoa izahay mianakavy kely ao anatin'ny telo volana mba tsy hahafaty ilay visa. Vola mitentina AU$14,000 no tsy maintsy notadiavina mba hahafahana mandoa ny saran-dalana, ny toerana hipetrahana rehefa tonga any sy ny sakafo ary ny fiantohana arapahasalamana mandritra ny volana voalohany.

Tsy maintsy nitady hevitra aho ary nitazona ny zotompoko satria efa lasa lavitra tamin'ny dingana rehetra aho, hany ka tsy afaka mieritreritra ny hihemotra intsony. Ny vola hono no fototry ny ratsy rehetra, kanefa raha ampiasaina amim-pahendrena izy dia manjary mpanompo mafatra-po.

Mahataona ny namany ny vola, mitondra fahatokisantena sy laza rahateo ny endriny, ary rehefa tsara tantana kosa izy dia afaka manavotra anao sy ireo akaiky anao.

Naka fotoana aho noho izany, nipetraka, nandinika ny fananako rehetra: ny vola teo am-pelatanako, ny tombampananana, sns. Nanomboka noresahiko tamin'ireo namako izay ninoako fa afaka itokisana sy hanampy ahy ny toejavatra niainako.

Nanampy ahy tokoa ny fahafantaran'ny olona ahy hoe tia manatanteraka ny fanamby. Nisy olona nalala-tànana namaly ny antso ka nanampy anay avy hatrany.

Rehefa hanao zavatra iray aho dia nahazatra ahy ny mipetraka irery eo an-davarangana ny harivariva, mandinika ny kintana sady mivavaka. Ny fitadiavam-bola no nentiko am-bavaka iny hariva iny.

Ny ampitson'iny, mbola vao nangiran-dratsy, dia fomba marobe hitadiavana vola no tonga tato an-tsaiko: ny tahirim-bola ho an'ny fisotroan-dronono any amin'ny banky sy any amin'ny orinasa, ny tambin-karama, ny fivarotam-panana ary ny namana.

Androtr'iny ihany aho dia niantso ny banky momba ny tahirim-bolako, ary nahagaga fa efa nahatratra AU$1,000 sahady ny izany tao anatin'ny fito taona.

Niresaka tamin'ny mpiandraikitra ny mpiasa tao amin'ny orinasa1 niasako koa aho nanontany ny tahiry fisotroan-drononoko. Efa nanodidina ny AU$1,200 ihany koa izany, saingy tsy ho azoko io vola io raha tsy hoe mametra-pialana aho.

Raha toa ka mijanona ao amin'ny orinasa iasako mandritra ny efatra taona aho dia afaka misitraka fampindramam-bola mitentina AU$4,000 azoko eo no eo.

Tsapa ho nandeha tsara avokoa ny zava-drehetra, kanefa mbola vao atsasan'ny vola ilaina ihany aloha no azo hatreto.

Nony fantatr'ireo mpiara-mivavaka taminay fa nahazo visa izahay, dia samy naniry hividy ny entana tato an-trano avokoa ny manodidina, toy ny fanaka, ny fahatsiarovana anay mianakavy izay niasa mafy hanova ny fiainan'izy ireo sy ny fomba fijeriny. Tafiakatra AU$2,000 ny fitambaran'ny vola azo tamin'izany.

Maro tamin'ireo mpiara-miasa tamiko taloha no nalala-tanana nanampy tamin'ny fandaniana sasantsasany toy ny saran-dalana, ny fiantohana sy ny trano hipetrahana.

Vetivety foana dia tafakatra AU$3,000 ny fanampian'izy ireo.

****

Mpialona

Na dia teo aza izany rehetra izany dia nisy ihany ny tsy faly. Matetika anefa dia ireo manana fahafahana hanampy mihitsy no manana izany toetra izany. Mora fantatra izy ireny, jerena amin'ny fihetsiny fotsiny rehefa ilazaina ilay vaovao.

Mody mitsiky izy aloha, avy eo tonga dia mamadi-dresaka avy hatrany; raha tsy izay dia mety hanome vola ihany izy fa kely dia kely (mety ho AU$5 fotsiny izany) na mody milaza fa manana fikasana toy ny anay koa izy.

Na teo ara izany rehetra izany dia tsy nety kivy aho. Ny vola rehetra nangonina rahateo efa ampy handoavana ny saran-dalana ho anay mianakavy. Na dia izany aza dia mbola nila AU$3,000 ihany izahay hiatrehana ny fahatongavana any.

Indray alakamisy hariva, raha nody avy niasa aho ka nandalo teo Andasibe, dia nahazo antso avy tamin'ny banky.

Nampangalako sisiny ny fiara. Nambarany tamiko fa efa voaloa daholo ny vola nindramina ho an'ny fianaran'ny zanako, noho izany dia afaka mihindram-bola mandritra ny folo volana indray aho. Inona intsony no angatahina mihoatra an'izay? Ny ampitson'iny ihany dia nankany amin'ny banky aho ka nindrana AU$1,000 indray.

****

Finoana Arahin'asa

Andro vitsy taorian'iny dia nandeha nitsidika ny reniko aho. Notantaraiko azy ny fivoaran'ny toe-javatra sy ny fanagonam-bola. Olona manana finoana tokoa I Mama sady nahavita be tamin'ny asa fanompoana an'Andriamanitra. Niantso ny anabaviko monina tany Frantsa izy, ary notantarainy azy ny fikasanay. Fantatry ny anabaviko tsara ny fahasahiranana entin'izany fifindra-monina izany, hany ka nanolotra 1,000 Euros anay izy sy ny vadiny.

Tena velom-pankasitrahana an'i Zola, ilay anabaviko, aho. Nangataka kosa anefa aho ny mba tsy hanomezan'izy ireo izany vola izany mandra-pahatonganay any Aostralia. Sitrany ahay mba misy vola mitokana hampiasaina raha sendra misy ilàna vola maika. Nankatoavin'izy ireo izany hevitra izany.

Nindrana AU$1,000 tany amin'ny havana hafa ny reniko mba hanampiana anay. Enim-bolana no tapaka fa hamerenanay io vola io. Io havana io rahateo efa nipetraka tao aminay nandritra ny fianarany teny amin'ny anjery manontolo tamin'izany fotoana. Ny AU$1,000 sisa dia afaka alaiko amin'ny tambin-karama raha miala ny orinasa fitrandrahana any Moramanga aho. Fialan-tsasatra no nialako ny orinasa satria nikasa ny hampahafantatra ny orinasa momba ny fialako aho rehefa injay mahazo asa any Aostralia.

Fantatr'i Mary, ilay namanay any Sydney, ny

fahasahiranako mandoa vola amin'ny aterineto. Hany ka namandrika trano misy efitra telo ho anay nandritra ny herinandro izy, ary tonga dia naloany ny AU$1,500 hofany. Natoky izy fa haloako izay vola izay any aoriana any rehefa tonga any Aostralia aho.

Tafangona ihany ny vola rehetra nilaina tamin'ny fandehanana. Miara-miasa tokoa ny zava-drehetra hahasoa izay mino.

*****

Nahavita Be!

Nalaza tao Moramanga ny fifindranay monina. Sarotra ihany ny nitazona izany ho an'ny tena, ny tsy hilazana amin'ny manodidina satria nila fanampiana izahay. Ny olona rahateo koa tena tia anay mianakavy noho ny fiarahanay nandritra izay valo taona nitoerako tao izay.

Azo tanisaina tanatin'izany ireo mpiara-mivavaka izay tena nahita ny fivoarana nisy na teo amin'ny rafitry ny fiangonana, na ny fitomboan'ny isan'ny mpiangona, ny nihamafisan'ny fifankatiavana sy ny finoana.

Nitondra fiovana lehibe tao amin'ny Sekoly alahady aho, ka nahafahan'ny mpianatra nandray anjara bebe kokoa sy nampivoatra ny konseritra amin'ny krismasy.

Noravanay mpiara-manompo ny fizarazarana nisy teo amin'ny mpiara-mivavaka tamin'ny nikarakarana ny fankalazana ny faran'ny taona izay nandraisan'ny rehetra anjara. Teo koa ny fitsangatsanganana isan-taona atao amin'ny alatsinain'ny pentekosta izay nisokatra ho an'ny rehetra.

Nisy fikambanan'ny vehivavy iray koa nahazo fampiofanana momba ny fandraharahana maharitra na ho an'ny fikambanana izany na ho an'ny fiainany andavanandro.

Nanangana tetik'asa fanabeazana tao amin'ny sekoly kristiana tao Moramanga aho mba hanomezana lanja bebe kokoa ny famoronana, ny fifehezan-tena ary ny fahaizamiaina. JET[1] no anarany.

Ny JET dia tetik'asa manampy ny mpianatra miditra eo amin'ny sehatry ny asa, manome traikefa azy ireo mialohan'ny ahavitany ny fianarany, manoro hevitra koa amin'ny fitadiavana asa. Mpiasa raikitra telo no nitantana io tetik'asa io. Ary olona efa ho telopolo no nahazo asa tao amin'ny sehatry ny fitrandrahana harena an-kibon'ny tany vokatry ny fanohanana azy ireo.

Teo ihany koa ireo mpiara-miasa tamiko izay nankafy ny resadresaka nifanaovana rehefa iny anaty fiara hamonjy asa iny izahay. Iny tafatafa vao maraina iny, antsoinay hoe *Kidaona*, no fotoana fihomehezana sady fifampizarana vaovao eo an-tanàna, eo amin'ny firenena, sy ao am-piasana ary izao resak'adala rehetra izao.

Ny namana akaiky indray nankafy ny fiarahana nijery sarimihetsika, fotoana izay taritiko isaky ny telo volana. Nihaona koa ny ankizy tanatin'izany.

Samy nahita soa tamin'izany avokoa ny rehetra. Tao ny tsakitsaky nankafizina, tao koa ny lesona azo avy tamin'ny fifanakalozan-kevitra.

---

[1] JET : « Jeunesse Etudes et Travail » no tena anarany amin'ny teny frantsay

Tsy adino ny tsena mora karakaraina in-droa isantaona mba hahafahan'ny rehetra manao mankalaza finaritra ny fetim-pirenena sy ny krismasy.

****

Niara-Nifandrimbona Avokoa Ny Rehetra

Tsy afaka ny hirehareha aho hoe nahavita irery izany fiovana rehetra izany. Tena sambatra aho fa nahazo fanohanana avy tamin'olona maro. Niara-niasa ny rehetra hany ka nitombo ny isan'y mpiangona, tafakatra zato sy arivo olona izany ary telon-jato ny mpianatra sekoly alahady ny taona 2015 raha toa ka telon-jato olona no tao ary mpianatra sekoly alahady valo kosa ny taona 2007.

Ohatra teo anivon'ny fiaraha-monina ny fomba fiainanay tsotra, tia fahamarinana ary mifandray amin'ny hafa. Izahay mianakavy no nanomboka ny fampiasana angovo avy tamin'ny masoandro, ny fambolena ao antokotany, ny fikarakarana ny lalana ary ny fanaovana fefy makarakara ialana amin'ny tambohon-gadra.

Nitombo be ny fifandraisanay tamin'ny hafa hany ka nanjary namatotra ahy izany. Toa very ny fahafahako noho ny fifamatoranay be loatra tamin'ny hafa. Nisy olona nifampiraharaha taminay mianakavy kely foana isan'andro ka sahirana ny vady aman-janaka.

Tsy voatery hoe ratsy akory izay, kanefa nibahantoerana loatra teo amin'ny fiainanay ka tsy nahafahanay nanana fotoana manokana ho an'ny tokantrano intsony. Na dia izany aza dia tena nihalalina ny fifandraisana teo amin'ny fiarahamonina nisy anay.

Zary tetik'asa iraisan'ny mpiaramonina mihitsy ny fandehananay any Aostralia. Nandritra ny tapa-bolana farany nijanonanay tao Moramanga dia tsy nisy na dia andro iray ara tsy nahatongavan'ny olona tao an-tranonay hividy fahatsiarovana kely, na hitondra fanampiana hanohanana anay, na hivavaka sy hitso-drano anay. Nameno fo tokoa iny fotoana kely iny. Tsiky sy tomany no nameno ny tafatafa sy ny hira ary ny vavaka.

Nikarakara fijerevana sarimihetsika tany amin'ny tranon'i Bao, mpiara-miasa tamiko, ny fikambanana kelinay. Niara-nijery ny tantaran'i Steve Jobs, ilay namorona ny Apple, izahay. Nisy ny tsakitsaky nifampizarana. Ary nony vita ny horonan-tsary dia nanao ny dihy efa nomaniny ireo ankizy.

Ireo *Mpikidaona* moa nanomana fety iray hafa koa izay nahafahako nizara teny kely. Tsaroako ny teny nolazaiko tamin'izay hoe tena tsara vintana aho fa nanana namana mahatoky toa azy ireo.

****

Lanitra Iray Ihany No Lolohavina

Tonga ary ny alahady izay hanaovan'ny fiangonana veloma anay mianakavy mandritra ny fotoam-pivavahana. Nanomana hira niaraka tamin'ny antoko mpihira izahay mianakavy kely. "*Faly izahay*" no lohateniny. Efa ela rahateo no nanirian'ny antoko mpihira hiara-hihira aminay, kanefa notsipahanay hatrany mba tsy hisian'ny fifandirana tamin'ny mpitantana. Tena nahafinaritra iny hira iny.

Nony tapitra ny vavaka fitsofan-drano anay nataon'ny mpitandrina, dia nandray fitenenana kely aho. Nambarako tamin'izay fa mora kokoa ho anay ny nahita ny fananany niala tsikelikely oharina amin'ny hanao veloma ny

Fiangonana. Kanefa aoka isika tsy halahelo fa tany iray ihany no diavina ary lanitra iray ihany no lolohavina hany ka io no fonenana iraisantsika mpino rehetra manerana izao tontolo izao.

Natolotro ny Fiangonana ilay vata fandefasana horonantsary bitika toy ny finday mba hahafahan'izy ireo manohy ny fampijerevana sarimihetsika eo an-tokotany. Nisy boaty feno tso-drano ara-tsoratra masina koa nozarainay tamin'ny mpiara-mivavaka rehetra. Ninoako fa izay no fanomezana lehibe indrindra afaka nomena azy ireo.

Naharitra ny fanaovam-beloma sy ny fakana sary fahatsiarovana niarahana tamin'ny Fiangonana. Nony vita ny sakafo dia natao ny kaonseritra hankalazana ny andron'ny diakona tao am-piangonana. Izay no namarana ny tantaram-piainako tao Ambohitranjavidy.

Feno fihetseham-po tokoa ny herinandro farany nitoeranay tao. Nanampy anay tamin'ny fangoronana entana sy ny fampiriman-trano ny manodidina. Tao ny nanolotra fiara handehananay hiakatra any Antananarivo, tao kosa ireo nitady olona hipetraka ao amin'ny tranonay. Ary ambonin'izany dia nitangorona teo an-tokotany ny olona hanao veloma anay.

Asabotsy 1 Aogositra 2015 izay andro izay, tamin'ny 2 ora sy 10 minitra. Nilatsaka ny ranomasoko nahita ny hatsaran'ny tanana mihamaloka tsikelikely. Tonga tao amin'ny tranon'ny reniko tao Antananarivo izahay tamin'ny 6 ora sy sasany teo ho eo. Nifampizaranay teo ny nandaozana an'i Moramanga, sy ny fihetseham-po rehetra niainana tamin'izany.

****

Nanjavona Tsikelikely

Nijanona tany Antananarivo nandritra ny iray volana izahay mianakavy mba hahafahan'i Ella mizatra ny teny anglisy sy maka traikefa amina toerana fanaovana taovolo lehibe.

Izaho kosa tsy maintsy nankany Moramanga. Nangina ny tranonay; izaho irery sisa no tao. Namita ny iray volana iasako tao amin'ny orinasa aho mialohan'ny tena ialako. Nampalahelo mafy ity tranokelinay, babangoana! Tsy nisy fanaka intsony, tsy nisy ankizy, tsy nisy vady. Kidoro, lamba fatoriana sy solosaina ary vata famoaham-peo no hany mba nananako.

Nohenoiko niverimberina teo ny kapilan'i Joseph d'Af mba hamenoako ny banga tato anatiko. Tsy mba nahandro sakafo maraina na hariva intsony aho fa nividy sakafo tany ivelany foana. Toa fiainana feno fiadanana izany, kanefa tsy mba nahazoako fahafinaretana mihitsy.

Tamin'izay no naharesy lahatra ahy fa ny olona no harenan'ny tokatrano fa tsy ny habeny na ny fanaka ao anatiny. Nandritra izay fotoana nitoerako irery tany izay dia tsy mba niarahaba ahy toy ny taloha intsony ny olona. Efa noraisiny ho toy ny tantara lany daty, manko aho, eny toa angatra mihitsy aza.

****

Namana mitafy nofo

Nanao fety fanaovam-belona ny orinasa ny alina farany nitoerako tao Moramanga. Tao amin'ny Bezanozano Hotel no natao izany, olona roapolo teo ho eo no tonga nanatrika. Niarahaba ahy ny lehibeko sady nankalaza ny fifikirako amin'ny zavatra rehetra ataoko.

Raha tonga ny fotoana hanaovako veloma, dia nambarako fa ny fifindrako monina no porofo maneho fa azo atao ny manatanteraka ny nofy rehetra na dia aty amin'ny firenena mahantra toa an'i Madagasikara aza.

Nolazaiko koa fa ny fialako dia manambara amin'ny orinasa fa raha tsy miezaka izy ireo hitazona ny mpiasa mazoto ao aminy, dia hiala mora foana izy ireo. Ny tiako holazaina tamin'izay dia ny tsy nanomezana ahy fisondrotana intsony raha tsy telo volana nialohan'ny nandaozako ny orinasal, kanefa efa roa amby folo taona aho no niasa tao.

Nofaranako ny teniko tamin'ny hoe "tsy mpiara-miasa ihany no azoko tao amin'ny orinasa fitrandrahana tao Moramanga fa namana akaikin'ny fo tokoa. Tsy namana an'arivony toy ny ao amin'ny Facebook no ilaiko fa ampy nameno ny hafaliako ireo namako tao am-piasana.

Notoloran'ny ekipako sarinay mpiara-miasa aho ho fahatsiarovana, ny namana ato amin'ny sampana informatika kosa nanolotra finday avo lenta HTC nafarana avy tany Antananarivo araka ny nangatahiko.

Sarotra ny nanao veloma, araka ny nolazain'i Albert Einstein hoe: *"ny fiainana dia toy ny mandeha bisikleta; tsy maintsy miroso raha tsy te hianjera"*[2]

.

---

[2] *"life is a bike ride, you must move forward to keep your balance."*

TOKO 5
MANDEHA TSY ANKIVERINA

Aostraliana mamangy an'i Madagasikara

Nisy namako aostraliana mipetraka ao New South Wales izay nanampy anay tamin'ny fikarakarana visa ka nahafahanay nifindra monina soa aman-tsara. Tamin'ny diako tany Aostralia, tao Nomea, New Caledonia ary Sydney, noho ny asa no nifankahalalanay. Nitsidika ny Royal Botanical Garden tany Sydney aho ny taona 2010. I Bob, namako, no nitondra ahy tany amin'ny trano fitehirizana zava-maniry. Notolorany hevitra maro koa aho momba ny fanaovana izany. Hitako tamin'izay ny fitiavany ny zava-maniry any Madagasikara.

Matematisiana malaza izy, kanefa nampihariny ho fiarovana sy fanarenana ny tontolo iainana ny fahaizany. Izy mihitsy no olona tadiavin'ilay orinasa niasako. Nanasa an'i Bob aho hitsidika ny tetikasanay tany Madagasikara; tamin'izay koa no ninoako fa hahafahany mahafantatra ahy bebe kokoa sy mahita ny zotom-poko.

Taorian'ny nivahinianan'i Bob tany Madagasikara dia nanjary nifandray tamin'I Mary vadiny koa izahay. Akaiky kokoa noho tamin'i Bob aza.

Ireo namana aostraliana ireo no nanaiky ho mpiantoka tamin'ny famandrihana rehetra alohan'ny fifindra-monina. Nila adiresy aostraliana atao antoka manko aho mba hahafahana manao ny famandrihana amin'ny aterineto na ho an'ny fiantohana any an-toerana na ho an'ny fanampiana ara-tsosialy, sns.

Nony ren'i Anderson, ilay mpampiasa ahy, ny fandrosoan'ny fanomanana rehetra, dia nanoratra ho an'i Charlie, namany monina ao Darwin (ilay toerana hiorenako ao aoriana kely ao) izy. Niangavy an'i Charlie izy mba hijerijery asa sahaza ahy. Nahakasika ahy manokana izany fihetsiny izany! Nihena tokoa ny ahiahiko taorian'izay.

****

Namana lavitra nefa akaikin'ny fo

Efa ela no nahafantaran'i Anderson sy ny vadiny ahy, hatramin'izaho mbola tanora, nitarika ny vondron'ny mpianatra mpiaro ny tontolo iainana tao amin'ny Oniversiten'Antananarivo. Tao matetika no nangalan'izy ireo mpiasa vaovao na mpizatra asa mikasika ny zaridaina sy ny tontolo manodidina. Fantatr'izy ireo ihany koa fa efa nianatra tany Angletera (UK) aho ary tena tia ny teny anglisy.

Tamin'izy lehibeko no nifankafantaranay bebe kokoa ka nahitany ny fandava-tenako sy ny fahaizako. Tiany tokoa ny zotom-poko ka nanapa-kevitra ny hanohana ahy izy. Tsy haiko ny tsy hisaotra azy noho ny amin'izany.

Roa volana mialohan'ny nahazoako visa dia nisy mpikaroka fanta-daza amin'ny fanarenana ny faritra fitrandrahana nitarika ekipana Aostraliana efapolo. Avy tao amin'ny Oniversiten'ny Queensland izy io. Hitsidika ny tetikasa fitrandrahana tao Moramanga no anton-dian'izy ireo, ary koa ny hijery ny zava-bitanay tao amin'ny orinasa. Ireo olona nentiny ireo dia nahazo vatsim-pianarana Aostraliana avokoa.

Nolazaiko azy ireo ny fifindrako monina any Aostralia. Niarahaba ahy ny amin'izay izy ireo ary nankasitraka ny zava-bitako tao am-piasana. Nanome toky izy ireo fa hanampy ahy, ary araka ny fahaizako sy ny traikefa ananako dia mora ho ahy ny hahita asa any Aostralia.

Tamin'izay fotoana izay i Alex, anisan'ny sangany amin'ny resaka fanarenana tobim-pitrandrahana ao Aostralia koa, dia tonga nijery ny asako tao Moramanga. Tsy nisalasala izy nanome torohevitra ahy momba ny asa. Nahafinaritra ery ny nahita ny fifandraisako tamin'ny Aostraliana nitombo tsikelikely. Misy ohabolana malagasy izay milaza hoe: "vato tsy mahasakana voamanga maniry" izay midika hoe tsy misy mahasakana ny zavatra tsara efa natao hitranga.

****

Tsy mino

I Bertha no olona nanoratako voalohany tany Aostralia. Tena nanampy be ahy izy tamin'izaho tany Sydney taloha, kanefa nony nolazaiko azy ny diako ho any Aostralia, dia toa gina sy lasa saina fotsiny izy. Nandefa mailaka taty amiko izy milaza hoe : "enga anie mba hety ny fikasanao". Somary nahakivy kely ahy ihany izany.

Nifanesinesy avokoa ny mailaka avy tamin'ireo olona ireo. Maro ny nankahery sy niarahaba, nisy kosa ny teny nanindrona sy nampiahiahy. Nisy mailaka iray azoko avy tamin'i Charlie, mpampiasa monina ao Darwin, izay nilaza fa feno fahasahiana ity tetikasam-pifindra-monina ataonay mianakavy kely ity, indrindra noho izahay tsy mbola nahazo asa akory.

Na dia izany aza dia nanaiky ny hihaona amiko tao Tana izy tamin'ny diany taty Madagasikara. Tamin'izany resaka izany no nahalalako bebe kokoa ny momba ny sedra hatrehiko any Aostralia sy ny karazan'asa mety ho azoko atao rehefa tonga any. Somary natahotra ihany aho kanefa tena vonona ny hitombo bebe kokoa anatin'izany dingana izany. Tsy haiko ny tsy hisaotra an'i Charlie.

Nisy mpanolo-tsaina vahiny roa niara-niasa tamiko tao amin'ny orinasa fitrandrahana. Efa nisedra ny olan'ny fifindra-monina toy ny ahy koa izy ireo. I Manu dia avy tao Madagasikara no nandeha nankany Kanada, i Johnny kosa avy tao Afrika Atsimo no nankany New Zealand. Nisy fotoana i Johnny nankalaza ny tsingerin-taonany irery, lavitry ny fianakaviany. Tamin'izay no nanararaotako nanasa azy tany aminay mba hankalazana ny tsingerin-taonany miaraka tamin'ny fianakaviako sy i Manu. Notoloran'ireo zanako sary maneho azy izy, ny vadiko kosa nikarakara trondro amim-boanio.

Voaresakay avokoa ny fandaminana amin'ny fifindra-monina, ny fampitandremana nataon'i Charlie, ny sedra voalohany hatrehina any, sns. Resy lahatra aho fa tsara raha miaraka mifindra monina izahay mianakavy kely mba ho mora kokoa ny hahita fidiram-bola ary afaka hifanohana eny izahay fa tsy ho irery. Teo koa no nahalalako ny karazana fiantohana tsara alaina rehefa tonga any, ny toerana hangatahana fanampiana, ny mahakasika ny ankizy ary ny fifandraisana amin'ny fiangonana.

****

Vaovao Mahakivy

Herinandro taorian'izay dia niantso an'i Mary aho mba hangataka torohevitra taminy. Mila miresaka amina fiangonana farany izay haingana aho hoy ny teniny. Nandefa mailaka tany amin'ny fiangonana tao Darwin aho mba hanambara ny fikasana rehetra amin'ny fifindranay monina. Tsy nahazo valiny anefa aho. Hany ka niantso ilay pasitera indray aho herinandro taorian'izay.

Somary be feo ilay lehilahy azoko an-telefaonina. Rehefa nihaino ahy izy dia nampahafantatra ahy fa toerana lafo fiainana be i Darwin ary indrisy fa tsy manana tetikasa fikarakarana ny vahiny mpifindra monina ny fiangonana ao. Nampirisika kosa anefa izy ny mba hiantsoanay ny fiangonana raha injay tonga any Aostralia izahay mba hahafahan'izy ireo manoro hevitra anay amin'ny atao rehetra.

Nihena indray ny fahatokisako taorian'iny resaka iny, na dia izany aza dia mba efa nahafantatra olona tao Darwin indray aho. Nitombo ihany ny fikasako hitady fanampiana ho an'ny mpifindra monina. Notadiaviko tamin'ny aterineto ny fikambanana mpanao asa soa ao Darwin ka nahita ny Anglicare aho. Io no anisan'ny nanome fanampiana lehibe indrindra anay.

Niantso ny Anglicare aho, tovovavy malefaka firesaka no niresaka tamiko tao. Nanontany ahy izy raha toa ka efa tonga tao Darwin aho. Vania no anarany, ary nambarany fa afaka manampy anay izy ireo raha injay tonga any izahay - anatin'izany ny fanampiana amin'ny fitadiavana trano. Ela ny ela, nahazo vaovao tsara ihany. Toa kintana kely nitaona ahy hiroso kokoa iny vaovao iny, ka niroso tokoa aho.

*****

Fianakaviana Iray, Tapakila Iray

Ny mividy tapakilan-tsidina sy mamandrika trano moramora any Darwin no dingana manaraka. Vaky loha aho nanomboka teo. Air Mauritius no nanana ny sidina mora indrindra mankany Perth, Aostralia. Avy ao Perth kosa anefa dia tsy lafo intsony ny sidina anatiny.

Misy fetra ny vola azo seraina amin'ny karatra banky malagasy, hany ka sarotra ny fandoavana ny saran-dalanay rehetra indray mandeha mba raha tianay ny hiara-mipetraka ao anaty fiaramanidina.

I Anderson, ilay mpampiasa ahy, no nanaiky hanoro hevitra momba ny fandoavam-bola rehetra. I Zola, ilay anabaviko any Frantsa no nangatahiko hanatanteraka ny fandoavam-bola. Faly ery izy nanao izany. Izy no nifanerasera tamin'ny sampana fifindra-monina tao Aostralia momba ny visa-nay. Izy rahateo koa efa mahalala bebe kokoa ny amin'izany.

Nalefako tany amin'ny bankiny tany Frantsa ilay vola. Tena natoky aho fa hilamina izany. Kanjo afaka roa andro dia mbola tsy tonga tao amin'ny kaontiny ihany ilay vola. Efa in-telo aho no tany amin'ny banky nameno ny zavatra rehetra ilaina, nanova ny taham-bola, nanitsy ny anarana sy ny nimeraon'ny kaonty fa tsy nisy vokatra. Farany, nadaboko iny hevitra iny.

****

Tsy Nampoizina

Nila nitady olona azo antoka nanana karatra banky vahiny aho mba handefasana ilay vola. Mialohan'ny nirosoako tamin'izay anefa dia nanoratra mailaka tamin'i Anderson aho momba ny fahasahiranana tamin'ny fividianana tapakilan-tsidina. Niantso an'i Brenda vadiny aho, ilay mpitantana ny Paradise Garden, orinasa lehibe amin'ny fikarakarana zaridaina ao Madagasikara. Efa nisy fotoana koa izahay niara-niasa tamina tetikasa vitsivitsy.

Nanaiky hanampy ahy izy. Nolazainy koa fa afaka roa andro i Anderson dia ho tafody. Eh! Tsara ery izany vaovao izany. Nanapa-kevitra ny hiandry azy aho.

Nony tonga i Anderson dia niantso ahy avy hatrany. Tena gaga aho nahita ny fanoloran-tenany. Nolazaiko azy ny olana. Nifanao fotoana izahay hitadiavana vahaolana momba izany. Tsy nahita tapakila mora ho any Darwin mihitsy izahay. Tsy maintsy miandry ny ampitso indray hanandramana karoka hafa.

Nitady tapakila mora vidy aho ny alina manontolo. Ka nahita tapakila atsasa-bidy tao amin'ny Qantas. 2 Septambra 2015 ny datin'io tapakila io ary tsy azo averina ilay izy. Mbola tanatin'ny fetran'ny karatro ny vidiny, hany ka tonga dia naloako teo no eo.

Faly ery aho nahavita izany na dia toa nitsambiki-mikipy ihany aza. Loza manko raha toa ka tsy mahita sidina avy ao Madagasikara mankany Perth amin'io daty io aho. Soa ihany fa ny ampitson'iny dia afaka nividy tapakila ho anay mianakavy kely tao amin'ny Air Mauritius izahay.

Notanterahin'i Anderson ny fandoavam-bola ary mbola nanampy anay ihany koa izy tamin'ny nanomezany taratasim-bola mankao amin'ny kaontiko. Hatao fanampiny amin'ny laninay raha vao tonga ao Darwin izay vola nomeny izay. Misaotra indrindra, Anderson. Tena lehibe ny soa vitanao taminay, tsy ho voavaliko.

Ny mitady trano hitoeranay mianakavy kely ao Darwin mandritra ny herinandro voalohany indray izao no dingana manaraka. Maro ireo sehatra famandrihana trano nojereko kanefa tsy nisy nahafa-po ireo noho ny hamaroanay sy ny vola nanananay. Niangavy an'i Mary aho mba hitady trano ho anay ao Darwin. Nahita tokoa izy. Misaotra indrindra, Mary.

****

Ela Ny Ela, Lasa Ihany Ikala

Andro tsy manam-paharoa iny andro iny. Teo mantsy no nitondrako ny fianakaviako hanandrana fianam-baovao any Aostralia, ilay "tany nantenaina". Nibitakin'ny hafaliana avokoa ny fon'ny rehetra. Izaho kosa sady faly noho ny zava-bita, no natahotra, no velom-panantenana.

Faly ery i Ella fa ela ny ela hisidina ho any ivelany ihany izy. Ela mantsy no nitsiriritany ireo olona avy any ivelany izay notsenainy sy nateriny teo amin'ny seranam-piaramanidina.

Nahatsiaro ambininy tokoa i Ella satria tsy toy ny mahazatra io dia ho ataony io fa tena miavaka tokoa. Nampitombo ny finoany sady nampahery azy mantsy ny sedra rehetra nolalovanay tamin'ny fikarakarana ny taratasy rehetra nilaina hifindrana monina. Vonona izy ny hiroso na dia tsy fantany aza izay miandry azy amin'ity fiainana vaovao any Aostralia ity.

Ny an'i Sandy kosa dia andro nandraisany andraikitra vaovao iny satria tsy afaka ny hiantehitra amin'i Florinique, ilay mpanampinay, intsony izy amin'ny fikarakarana ireo zandriny. Nanomboka teo izy dia tsy maintsy manampy ny reniny amin'ny zava-drehetra.

Na dia faly aza i Sandy dia nalahelo koa satria tafasaraka tamin'ny namany sy ny havany izy. Faly kosa anefa izy satria sambany no hitaingina fiaramanidina ary natoky koa fa hahazo fianarana avo lenta tokoa rehefa any

Aostralia. Aminy dia ho tsara toa an'i Mahajanga ny tanàna hivantananay any Aostralia.

Sahiran-tsaina kosa i Grace satria na dia faly ny hahita tanàna feno jiro mamirapiratra toy ireny lapa amin'ny sarimihetsika Walt Disney ireny aza izy dia tsy te handao ireo namany. Tsara loatra ny andro vitsy niarahany tamin'ireo namany sy ireo havany tao Tana.

Sisi sy Lolo kosa tsy mbola ary saina ka tsy nahalala izay zava-niseho. Nanaraka ny hafalian'ny hafa fotsiny izy ireo sady nihirahira hoe "Hisidina ho any Aostralia isika".

****

Ento Aby Ny Forongo

Tsy moramora ny nanomana ny entanay mianakavy kely, izaho irery manko no efa nandeha tany ivelan'i Madagasikara. Nafatratra avokoa ny akanjo, ny fahatsiarovana, ny vilany, ny fera, ny solosaina, ny fanaovam-bolo, ny kapila mangirana, ny kilalao sy ny fitaovana hanatanjahan-tena ho an'ny ankizy.

Rehefa nifampidinika ela momba ny haben'ny entana sy ny lanjany izahay dia niezaka nampiditra ny entana rehetra tanaty valizy enina. Sahabo ho 146 kilao teo ny fitambaran'izy rehetra (tsy tafiditra tanatin'izany ilay gitarako saika hentiko tanana).

****

Lehibe Iray, Ankizy Iray

Nifandamina izahay mba hahafahan'ny olon-dehibe iray misahana zaza iray mandritra ny dia. Arak'izany dia i Ella no nikarakara an'i Sissi, i Sandy nikarakara an'i Grace, ary izaho kosa no niaraka tamin'i Lolo, ilay zanako lahy.

Toy izany koa ny toeranay tanaty fiaramanidina. Efa voadinika mialoha avokoa izany rehetra izany.

Vonona ny havana rehetra hanatitra an-dRaza mianakavy any amin'ny seranam-piaramanidina ny mitataovovonana, rehefa avy nanao vavaka fohy sy hira fiderana. Fiara telo no nilaina nitondrana ireo olona telopolo isa ireo – Toyota Land Cruiser, Volkswagen Polo ary Mazda eclipse. Izay ilay "big family" e!

Nony tonga tany amin'ny seranana dia nojereko raha efa tonga ilay vola avy tany amin'i Anderson. Zavatra iray sisa no halamina eny amin'ny seranana dia vonona ny hiainga izahay.

Nihoatra ny fetran'ny lanja ny telo tamin'ireo valizy enina, hany ka tsy maintsy nosokafana sy nalamina haingana teo noho eo ny entana rehetra. Nila kitapo iray fanampiny izahay.

I Nady, ilay zokikovavy, no nivatsy kitapo iray lehibe hampiasaina raha sendra misy mila afindra ny entanay. Olona mahay manoman-javatra izay mantsy izy! Nampiasainay izany kitapo izany ka dia nilamina ny zavatra rehetra.

Ranomaso latsaka no nameno ny tavan'ny rehetra rehefa tonga ny fotoana hanaovam-beloma. Norohanay avokoa ireo rehetra nanatrika teo ho mariky ny fifankatiavanay.

****

Lasa Izao!

Tamin'ny 4 ora sy sasany hariva ny andro, izahay no mpandeha naiditra farany tao amin'ny fiaramanidina. Niantso farany ny reniny sy ny reniko i Ella mba hampahafantatra azy ireo fa efa tao anaty fiaramanidina izahay ary vonona ny hanainga. Nisaotra azy ireo izy noho ny fitiavany, ny fitrotroana am-bavaka ary ny tso-dranon'izy ireo.

Niainga ny fiaramanidina. Faly avokoa izahay rehetra nijery ny hatsaran'ny tananan'Antananarivo avy eny an'habakabaka.

Nijery sarimihetsika i Sandy nandritra ny dia manontolo. Ireo ankizy kosa nijery sarimiaina mandra-patory. Nahazo kilalao avy tamin'ireo mpiandraikitra ny sidina koa izy ireo.

Izaho sy Ella kosa nanararaotra natory hanalana ny havizanana rehetra. Tonga tao Maorisy izahay adiny telo taty aoriana. Tsy nila naka entana izahay mianakavy mandra-pahatonganay tany Perth. Afaka nanararaotra feno ilay adiny telo fiatoana izahay noho izany. Ity no fandehananay mianakavy kely ivelan'i Madagasikara voalohany. Hitako teny amin'ny endrin'ireto vady aman-janako fa sondriana tanteraka izy ireo.

Nifanaraka anefa izaho sy Ella fa tsy handany vola amin'ny zavatra tsy misy dikany mandritra ny dia. Araka ny fandaminana hatrany dia samy niandraikitra ankizy iray avy ireo lehibe amin'ny famenoana ny taratasy eo amin'ny fanamarinana anarana. Nanampy anay koa ny mpiasan'ny Air Mauritius mandra-pahatonganay tany Perth, amin'ny maha ankohonana maro anaka anay.

****
Mihinana, Matory, Dia Mijery Sarimihetsika

Lava alina ny dia satria naharitra adiny folo. Mijery sarimihetsika, misakafo ary matory no nandaniana ny fotoana. Nony nifoha izahay dia efa 2 Septambra 2015, tamin'ny 5 ora maraina sahady ny andro. Nitazana ny ranomasimbe Indiana aho. Nahagaga ahy ny fidadasiny rehefa tsy voasaron'ireo rahona mahafinaritra ireo. Nihafohy ny dia rehefa variana nandinika ny hatsaran'ny ranomasina sy ny lanitra aho. Vetivety ihany dia tonga tao Aostralia, tao an-tseranam-piaramanidin'i Perth izahay.

TOKO 6
TONGASOA ATY AOSTRALIA

Perth, Seranambe

Niantsona ny fiaramanidina tamin'ny 9:50 maraina. Naka ny entanay izahay ary nilahatra teo amin'ny ladoany. Nahazo fitondrana entana maimaim-poana izahay isaky ny nila izany. Tsara fanahy avokoa ireo mpiasa tao amin'ny ladoany, ary vetivety izahay dia afaka nankany amin'ny toeram-piandrasana. Afaka adiny 30 izahay vao handeha ny fiaramanidina mankany Darwin.

Nila nitady hevitra handaniana andro an'ireto zanako ireto aho mandritra ny fiandrasana. Soa ihany fa naharaka ny fizotrin'ny dianay hatrany i Mary. Tamin'ny mailaka farany azoko tany Madagasikara dia nambarany ahy fa misy fitoeran'entana azonay ampiasaina ao amin'ny seranana. Afaka nankafy ny andro voalohany tao Aostralia izahay.

I Alex, ilay mpiara-miasa tamiko mipetraka ao Perth, dia efa nanasa anay hitoetra any aminy iray alina araka ny efa nampanantenainy fony izy tany Madagasikara. Indrisy anefa fa nanao fialan-tsasatra tany Azia indray izy iny andro iny ka tsy hita hoantenaina. Mba tsy handaniana vola be loatra dia tao amin'ny seranana ihany izahay no natory fa tsy namonjy trano fandraisam-bahiny. Tena nahagaga fa hendry tsara avokoa ny ankizy.

****

Fiatoana Telopolo Ora

Nanome vaovao an'i Mary izahay, avy eo nandany andro nilalao ilay tohatra mandeha tsy voizina, nitsidika ireo mpivarotra samihafa izahay ary nivezivezy nijery ny rafitry ny seranana koa. Niezaka nitady fahana ho an'ny finday sy aterineto ary vola aostraliana koa izahay tamin'io andro io.

Nanararaotra nanandrana ny karatra bankiko aho raha mandeha na tsia. Avy any Madagasikara mantsy io karatra io. Velom-panantenana aho nahita fa nandeha ilay karatra. Sakafo iray isan'andro ihany no nohaninay mba hitsitsiana vola.

Eny amin'ny sezalavan'ny toeram-piandrasana izahay no matory ny alina. Ny kitapo fatoriana novidian'i Ella herinandro lasa izay no natao firakofana. Nitohy ny lalao hatramin'ny 5 ora hariva, fotoana niondrananay tamin'ny sidina Qantas mankany Darwin.

Niantso ny ray aman-dreny izahay mialohan'ny hidirana anaty fiaramanidina. Tsapanay tamin'ny teniny ny haben'ny fitiavan'izy ireo. Nizara ny fahombiazanay tanteraka izy ireo.

Nanomboka zatra sidina amin'izay ry Raza mianakavy iny hariva iny. Tsy dia natahotra be intsony izahay, indrindra fa hoe adiny telo ihany ny faharetan'ity sidina iray ity.

Nisy mpikarakara sidina iray niresadresaka naharitra taminay nandritra ny sakafo hariva tao anaty fiaramanidina. Notantarainy teo avokoa ny hatsaran'i Darwin. Vao mainka nitombo ny finoanay amin'ny fahatsaram-panahin'ny mponina any.

****

Darwin, Paradisa sa Helo?

Ny 3 Septambra tamin'ny 9ora30 alina izahay no niantsona tao Darwin. Nahagaga fa toa maika avokoa ny olona rehetra, afatsy ny maro anaka toa anay. Fahendrena mantsy ny manamarina tsara ny entana rehetra mialohan'ny fivoahana ny fiaramanidina, fandrao misy hadino. Noezahinay natao haingana ihany anefa izany.

Kely ilay seranana, kanefa nampitolagaga ny hakanton'ilay toerana fiandrasana, moa va tsy toy irony paradisa irony? Nila fitondrana entana izahay; roa no sisa navelan'ny olona teo. Nivoaka izahay nitady taxi niaraka tamin'ny entam-benay. Tora-tsemboka ny rehetra noho ny hafanana izay efa nahatratra 31 degre; hany ka nalako ny palitaoko. Toy izao angamba izany helo izany.

Ilay Finday Mena Kely

Nanakana taxi aho sady nitady ny finday hijereko ny aidresin'ny trano voarakitra any anaty mailaka. Tsy hita ilay finday, kanefa any daholo ny nimerao rehetra. Inona no hataoko?

Nivavaka aho ary tonga dia niezaka niverina tany anaty fiaramanidina. Tsy azo nidirana anefa tao. Sadaikatra aho nilaza izany tamin'ny vady aman-janako. Teo noho eo ihany anefa i Sandy dia nanampy ahy hitady ilay finday, nosavainy avokoa ireo valizy rehetra.

Afaka fotoana fohy dia nihiaka izy hoe: "ito ilay izy, Papa! Mety nianjera avy tamin'ny akanjonao angamba tamin'ny ianao nanala azy".

Izany teniny izany no nampitony ahy. Misaotra anaka!

Nikoropaka aho nitady ilay adiresy tao anaty finday sady niresaka tamin'ilay mpamily taxi. Nony hitany ny entanay dia hoy izy hoe: "mila maka taxi lehibe kokoa ianareo ka antsoy ny 131008". Efa handeha hiantso ilay laharana aho no iny nisy iray nipoitra avy any.

Niondrana ilay fiara taxi lehibe izahay ka dia tonga tao amin'ny tranonay voalohany tao Millner Darwin tamin'ny 11 ora alina. Niantso ilay tompon-trano aho ahazoana ny lakile. Niditra tao an-trano haingana izahay ary dia natory avy hatrany. Feom-borona no nanaitra anay ny maraina. Niarahaba anay mianakavy aho raha vao nifoha: "lehibe ny dingana vitantsika"

Nanomboka navoaka avokoa ny entana rehetra, sady nomanina ny sakafo maraina. Ny ankizy kosa lasa nihazakazaka tany an-tokotany daholo. Moa va tsy toy irony Hotel cinq étoiles irony ilay trano? Tsy lavitra teo ny toeram-pivarotana. Hita tao an-tsena avokoa na entana afrikana na aziatika. Nanodidina teo koa ny fiatoan'ny fiara fitateram-bahoaka na "Arrêt de bus". Maimaim-poana ny Wi-Fi, ary nisy trano fidiovana malalaka sy lakozia mitokana ilay trano.

Misy fanaka avo lenta sy fahitalavitra ngezabe ao an-trano. Tena toy ny any an-danitra ery izahay mianakavy kely. Tonga namangy anay ilay tompon-trano ny harivan'iny.

"Tongasoa aty Aostralia" hoy izy.

****

Anjely Mifanesy

Nandritra ny andro voalohany dia niara-dia tamiko hatrany i Ella, nanampy anay hizatra amin'ity fiainana vaovao ity izany. Tena faly izy tamin'iny dingana vitanay iny. Nandefasany simaiso fisaorana avokoa ireo olona nanatitra anay tamin'ny niala an'i Madagasikara. Niantso ny ray aman-dreninay izy, ary i Mary koa tsy hadino.

Ny ahy kosa indray, vao maraina be dia efa nanomboka nanomana ny asa hatao mandritra ny tontolo andro aho. Maro tokoa mantsy ireo zavatra mila karakaraina toy ny fanokafana kaonty any amin'ny banky, ny fandoavana ny fiantohana ara-pahasalamana, ny fitadiavana trano hafa, ny sekoly, ary indrindra indrindra ny firesahana amin'ny Anglicare sy ny fiangonana.

Niantso an'i Vania aho, ilay ramatoa ao amin'ny Anglicare. "Tongasoa aty Aostralia, Fanoo. Ho avy aty amin'ny birao ve ianao? Vonona ny hanampy anao izahay" hoy izy.

Tsy ela akory dia afaka nihaona taminy. Tsy maintsy nentiko koa ny vadiko satria ny vady aman-janako ihany no azon'izy ireo omena fanampiana raha araky ny visa ananako, izaho kosa tsy mahazo.

Mba nitaingina ny fiara fitateram-bahoaka avo lenta, NT Bus, izahay nankany amin'ny biraon'ny Anglicare. Maro ny fanontaniana napetraka taminay sy ireo taratasy nasaina nofenoina tany. Iny maraina iny ihany dia nanomana ny sekoly hianaran'ny ankizy sy ny fianaran'i Ella teny anglisy izahay.

Natoron'i Vania toerana hahazoana tapakilan-tsakafo sy mofo maimaim-poana koa izahay. Nanomboka teo dia nanampy be dia be an'i Ella i Vania ny amin'ny fiainan-tokatranonay. Vetivety ihany dia nahazo sezan-jaza fampiasa anaty fiara i Ella ary nahita tsena hahazoana sakafo mora tao amin'ny fiangonana Batista. Natorony azy koa ny Croix rouge, ilay toerana haleha raha sendra misy vonjy taitra, ny rindran'ny fitateram-bahoaka, ny sakafo ary ny akanjo.

Rehefa vita ny resadresaka tao amin'ny Anglicare, dia nanatitra an'i Ella nody aho. Nandeha tongotra izahay satria tsy lavitra ny tranonay ny aleha. Manga ny lanitra ary nafana ny andro. Afaka kelikely dia nandeha tany amin'ny banky NAB aho hanokatra ny kaontiko. Vetivety ihany dia vita izany.

Niantso an'i Mary mba hilaza azy fa efa vonona ny hamerina ilay vola naloany mba hahazoanay trano aho. Nihomehy izy nandre izany ary nilaza fa tsy maika akory ny famerenako ilay vola. Nisento aho naheno izany, lafo tokoa manko ny fiainana aty Darwin, izaho anefa vao manorimponenana. Misaotra indrindra ry Mary.

NT-Bus, Siokam-boronkely, Rabevolombava

Ny dingana manaraka dia ny mitady trano. Ao amin'ny aterineto no fomba haingana indrindra ahitana izany. Nody aho ary nandany ny hariva manontolo teo amin'ny solosaina. Niantso ny pastora tao Darwin Church koa aho mba hangataka fitaterana handehanana ho any am-piangonana ny alahady.

Feno dia feno iny andro iny. Natory aloha aho ary tena nierotra mihitsy. Ny feon'ny fiara fitaterana sy ny vorona misiotsioka no namoha ahy ny maraina. Asabotsy ny andro. Nijanona tao an-trano aho, niaraka tamin'ny fianakaviako, mahafinaritra ery ny tsikitsikin'ity vadiko.

Tonga ny alahady, lehilahy be volombava iray izay no tonga haka anay hankany am-piangonana. Dan no anarany. Tia hanihany izy na dia sarotra aza ny mahazo ny teniny noho ny lantom-peony. Nony tonga teo am-piangonana izahay dia nihaona tamin'i Ray Hanson aho, ilay pasitora niresahako hatrany Madagasikara. Tsy nampoiziko ho be taona toy izao izy, sady lava volombava toy ireny mpitondra fivavahana jiosy ireny. Nahafinaritra tokoa ny nandraisany anay, tsy nampoiziko mihitsy.

Nitovitovy tamin'ireo hira tany Madagasikara ny feon'ny hira natao tao am-piangonana. Na dia tsy dia be olona aza dia tsapanay tokoa ny firaisan-kina tao amin'io fiangonana io. Ary izahay aza nahatsiaro sahady fa tsy vahiny. Niara-nisakafo izahay dia nody avy eo. Ho betsaka tokoa ny sedra miandry amin'ny herinandro ambony.

Nijery "Dora l'exploratrice" sy ilay sarimiaina "Madagascar" teo amin'ilay fahitalavitra ngezabe no namarananay iny tontolo andro iny.

TAPANY FAHATELO – TONGASOA ATY AMIN'NY TANIM-PAHORIANA
Atreho ny fiovana

TOKO 7
TANY EFITRA NO MANDIMBY NY RANOMASINA

Kely Sisa Dia Tsy Hanan-Kialofana

Vita ny faran'ny herinandro. Nifampizara ny raharaha mandritra ny herinandro izahay mianakavy. I Sandy no miambina ireo zandriny; izaho sy Ella kosa nanohy ny fampidirana ny ankizy tany an-tsekoly. Tsy maintsy niaraka tamiko izy satria izy no mahay kokoa ny mombamomba ny ankizy. Tsy afaka nataony irery kosa anefa izany noho ny fahasahiranany miteny anglisy. Izaho no nandika teny ho azy.

Tao amin'ny sekoly Anula no nampidirina izy roa vavy zandriny. I Sandy kosa nampidirina tao amin'ny sekoly Sanderson mba ahafahany mianatra teny anglisy haingana. I Ella no nikarakara ny ankizy tamin'izay, izaho kosa niaraka tamin'i Sandy. Ny fanampiana avy tamin'ny fanjakana no nahafahana nandoa ny akanjon'ny mpianatra sy ireo fitaovana nilaina rehetra.

Nanolo-tena hanampy anay tamin'ny fivezivezena ny vadin'i Dan. Izy no nitondra anay tamin'ny fiara nandritra ny fikarakarana ny taratasy rehetra. Alarobia ny andro. Tsy mbola nahita trano ihany anefa aho, ka nitombo ny fitaintainako. Tsy mafonja tsara ny taratasiko fangatahako trano ahofa na dia efa nahatratra ilay naoty 100 takiana aza aho.

Niantso ahy ny pasitora ny alakamisy maraina ka nifanao fotoana taty an-trano izahay. Roapolo minitra monja taty aoriana dia efa tonga izy. Rehefa nitafatafa momba ny lalana nodiavinay enina mianaka sy ny hamehana izahay, dia niaraka nankany amin'ny fikambanana mpampiantrano ny olona sahirana. Indrisy fa tsy nisy toerana nalalaka intsony tao.

Nankany amin'ny WILII, izay ivotoerana misahana ny trano fonenana teo amin'ny manodidina izahay. Tsara fanahy ery ilay olona nandray anay, kanefa efa feno koa tao ka tsy nisy toerana ho anay. Mila misoratra anarana izahay ary niandry. Mety maharitra enim-bolana any ho any ny fiandrasana.

Nitondra ahy nisakafo tany an-tranony i Pastora Ray avy eo. Tany no nahafantarako ny vadiny, i Jane na i mama Jane. Tsy dia be teny izy, kanefa feno fahendrena sy fahatsoram-po tokoa isaky ny mandray fitenenana. Rehefa naheno ny tantaranay sy ny tsy fahombiazana iny maraina iny izy dia nilaza hoe "Manana hevitra ho anareo ny Tompo. Mivavaha mandrakariva fotsiny!"

Nomen'i Mama Jane tolotr'asa roa tao amin'ny tananan'i Darwin aho. Nolazainy koa fa misy trano any Stuart Park henony tamin'olona. Nifanao fotoana izahay ny zoma hariva hijery izany. Tsy maintsy niala tao amin'ny trano tao Millner anefa izahay ny alakamisy.

Tsy nahita trano ho anay mianakavy mihitsy aho na dia efa nitady mafy tao amin'ny aterineto aza. Nifoha aho ny sasak'alina ary nitady tao amin'ny Gumtree, nahita trano atsasa-bidy tao amin'ny "The Gardens" aho. Nisy mpanofa niala tampoka manko ka izay no nahatonga ilay vidiny nilatsaka be. Nofandrihiko teo no eo ilay trano, sitrany ahay mba misy hitoerana aloha mandritra ny telo andro manaraka.

Nanampy anay ny mpiara-miangona nitaona ny entana

avy tao Millner nankany The Gardens. Tsara ery ilay toerana. Dia tongotra iray minitra no manasaraka anay amin'ny zaridaina baotanika. Dia tongotra folo minitra kosa raha ho any amin'ny ivotoerana fanampiana Vinnies sy ny Tsena mora; ary dia tongotra dimy amby folo minitra raha ho any amin'ilay trano kasaina hitoerana ny zoma manaraka.

Lafo vidy tokoa ny trano ao amin'ny The Gardens. Misy rafitra fanovana ny toe-drivotra sy dobo filomanosana. Tena hitanay tokoa ny hatsaran'i Aostralia. Nankany amin'ny Vinnies aho ny zoma maraina, araky ny torohevitr'i Vania, ilay tao amin'ny Anglicare. Nanaiky ny handoa ny hatsasaky ny hofan-trano tao amin'ny The Gardens izy ireo. Fanambinana re izany!

Naka anay ny pastora sy ny vadiny ny hariva hijery ilay trano ahofa ao amin'ny lalana Margaret, Stuart Park. Efa somary tranainy ilay trano, kanefa nisy efitra telo lehibe, ary indrindra mora kokoa raha hoarina amin'ireo hafa rehetra.

Ilay mpampanofa rahateo moa mora nifampiresahina, hany ka ny alahady 12 Septambra 2015 no nifanarahanay hipetrahana ao. AU$1760 ny vola tsy maintsy naloa hamandrihana ilay trano.

Tsy teo am-pelatanako teo no eo ilay vola. Nanontany ilay pasitora ny fomba hahazoako izany vola izany aho. Natoky ahy izy ka nanaiky nandoa ilay vola famandrihana sy ny hofatrano tapa-bolana voalohany izy mivady. Nanome toky aho fa hamerina ilay vola anatin'ny herinandro.

Nahazo trano ihany izahay hitoerana mandritra ny enim-bolana ary ahafahako mitady asa. Niantso an'i Topher, ilay valilahiko any France aho ny harivan'iny. Izy manko efa nampanantena ny hanampy anay fony izahay hiala an'i Madagasikara.

Nolazaiko an'i Topher ilay trano ahofa. Tanatin'ny dimy andro monja dia efa nalefany taty amiko ilay vola. Tena vaovao mahafaly izany. Izany no nampivoarana ny fifampitokisana tamin'olona taty amin'ity toeram-ponenako vaovao ity.

****

Nahazo Trano Fa Tsy An'asa

Nahita fialofana ihany izahay mianakavy. Ny fomba hamelomana ny ankohonana sy ny fandoavana ny faktiora ary ny fitsaboana raha misy marary indray no mila tadiavina izao. Izany hoe mila mitady asa aho. Izao ilay toy ny mamaky ilay tany ngazana.

Azoko natao ny nandeha nody ary niverina tamin'ny asako taloha raha tsy misy vahaolana mipoitra ato anatin'ny iray volana. Maro ireo nanampy ahy hitady asa sy nanaparitaka ny CV-ko. Indrisy fa tsy nahita asa mihitsy aho, ny asako tany Madagasikara anefa efa hifarana afaka roa andro.

Ny 22 Septambra 2015 aho no nahazo antso avy tamin'ny orinasa Karys, orinasa famarotana fiara teo amin'ny manodidina ihany izy io. Dia tongotra dimy minitra monja no manasaraka ny trano fivarotana amin'ny tranonay. Mila mankany aho hiresaka momba tolotr'asa amin'izy ireo. Hafaliana re izany e!

Nanafatra izy ireo ny hanaovako satroka, pataloha fohy ary t-shirt amin'ilay fihaonana. Mila mitondra visa sy taratasy fahazoan-dalana hamily fiara koa aho. Mpikarakara fiara no asa natolotra ahy. Tamin'izay andro izay no tapitra tanteraka ny asako tany Madagasikara. Tsara fitotona ery izy izany!

Mora atao ilay asa sady mahafeno ny tontolo androko no mety haharitra tsara. Mitaky herim-batana anefa izy io, saingy mahavelona sy afaka handoavana ny faktiora rehetra ka aleo atao ihany. Deraina ny Tompo! Niantso ny lehibeko tany Madagasikara aho telo andro taty aoriana nanambara ny fialàko.

****

Krismasy Miavaka

Raha vao nieritreritra krismasy aho taty Aostralia dia nanantena zavatra goavam-be, jiro mamirapiratra sy loko maro ary hira krismasy, miaraka amin'ny filatroana sy ny seho marobe amin'ny fahitalavitra.

Any Madagasikara anefa dia ankalazaina eraky ny nosy mihitsy ny krismasy. Tsy misy filatroana fa any am-piangonana no ankalazanay azy, fetim-pinoana rahateo moa io. Mivory ny fianakaviana avy eo hiara-paly. Efa zatra mandray andraikitra amin'ny fikarakarana io fety io aho ka tena nanantena zavatra goavana aho amin'ny fankalazana aty Darwin.

Ankoatry ny fihazakazahana niantsena sy ny hira krismasy, dia tsy mba hita ny maha fety ny andro. Tao ihany anefa ny hafanam-pon'olona mizara sy mifanolotra fanomezana. Ho an'ny ankamaroan'ny olona moa dia fotoana hihaonan'ny fianakaviana io.

Miresaka momba ny krismasy ny olona, kanefa tsy mino an'i Jesoa akory, ilay anton'izany rehetra izany. Tsy dia nanantena firy ny amin'ny fety ny zanako satria vao tonga eto an-toerana izahay. Izaho sy Ella kosa nitady hevitra hankalazana ny krismasy manakaikikaiky ny tany

Madagasikara.

Nosoratan'i Ella tao amin'ny Salvation Army avokoa ny anaran'ny ankizy mba hahazoan'izy ireo fanomezana amin'ny fety. Notsimponiny koa ilay hazo noely narian'ny olona teny an-tokotany teny, izay tena mbola tsara, toy ny vaovao mihitsy.

****

Fiara avy Tamin'ingahibe Noely

Nampianariko nanamboatra haingo ho an'ny hazo noely ireo ankizy. Roa tokom-bolana teo alohan'izay dia nisy antidahy iray, Allen no anarany, mpiara-miasa tamiko tao amin'ny Karys, nanolotra bisikleta roa ho anay – iray lehibe sy iray kely. Notsimponiny tany amin'ny fako ireo bisikleta ireo. Nadalainay izy hoe "tonga aloha indray Ingahibe noely izany tamin'ity taona ity".

Nandritra ny herinandron'ny krismasy dia nihira hira noely foana izahay mianakavy isan-kariva miaraka amin'ny gitara. Tsotsotra ny fankalazanay, kanefa tena ampy nampifaly anay tokoa. Fanampin'izany ary dia mbola nanolotra boky marobe manampy anay hizatra teny anglisy haingana i Mary ho fanomezana krismasy.

Ny fanomezana lehibe indrindra azonay dia avy tamin'i Ramatoa Lila, namanay izay teratany malagasy koa. Nanolotra fiara izy hampiasanay mandra-pividinay ny anay. Niara-nisakafo taminy izahay ny andron'ny krismasy. Fety tsotra nefa nameno hafaliana ny fonay ny noely tamin'ity indray mitoraka ity. Tena niavaka tokoa.

Tongasoa Aty Amin'ny Tanin'ny Fahoriana

Velom-panantenana tokoa aho nony tonga taty Darwin, farafaharatsiny nandritra ny roa volana voalohany. Nahazo trano ipetrahana sy asa mahavelona aho, sy nahay niteny anglisy tsara, ary indrindra, nanana namana mahatoky toy ny fianakaviana mihitsy aho. Afaka nifanerasera tamin'ireo havana sy namana tany an-tanindrazana koa izahay noho ny teknolojia vaovao. Nanana fiantohana ara-pahasalamana izahay. Indrisy anefa fa vetivety ihany dia niova ny zava-drehetra.

Nihena ny fahaizako niteny anglisy satria tsy afaka nifanerasera loatra tamin'ireo mpiara-miasa tamiko aho. Reraka loatra koa aho ka tsy afaka nianatra ny hariva. Tsapan'ireo zanako ny tebitebiko ka nanomboka niharatsy koa ny fitondra-tenan'izy ireo ka nanakana ahy tsy hijery vaovao sy hianatra teny anglisy intsony.

Kely loatra ny karamako ka tsy afaka nanohy ny fiantohana ara-pahasalamana intsony aho izay tsy tena ahavoazana akory. 60%-n'ny saran'ny fidirana hopitaly ihany mantsy no aloan'ny trano fiantohana. Nanimba ny saiko sy ny maha izaho ahy ilay asako, mpanasa fiara, satria nihasimba tsikelikely koa ny fahasalamako.

Tsy izaho intsony ilay vady nireharehana sy notiavin'ny vadiko. Tsy nitsiky tamiko intsony izy. Tsy nikarakara ny vatany intsony koa izy. Raha sendra mba miresaka izahay dia ady hevitra be foana no iafaran'izany, indrindra rehefa misy resa-bola.

****

Mainty Anivon'ny Fotsy

Fahakiviana avokoa no setrin'ireo tolotr'asa nalehako. Tsy moramora izany hoe mainty hoditra aty Aostralia izany. Tsaroako tsara nisy fotoana, efa olona efatra no nanohana ny fangatahana nataoko, kanefa niova hevitra tampoka na nampiandry ahy hatrany ilay mpampiasa. Nisy mpampiasa sasany nilaza fa tian'izy ireo ny mombamomba ahy kanefa tsy nisy tohiny intsony ilayy resaka. Niverina indray anefa ilay tolotra asa avy eo. Tena sorena aho nahita izany.

Nangataka aho ny hiova anjara asa tao am-piasana, kanefa novalian'izy ireo hatrany hoe tsy misy toerana afaka atolotra ahy. Nahagaga anefa fa nisy mpiasa vaovao indray niditra andro vitsivitsy taorian'izay. Nanomboka niharatsy ny fahasalamako nefa tsy afaka nankany amin'ny dokotera aho. Nitsabo tena no nataoko ary fanafody nentiko avy tany Madagasikara no nampiasaiko. Maro tamin'ireo anefa no efa lany daty ka tsy azo ampiasaina intsony.

AU$5 isan-kerinandro ihany no vola mba azoko natokana ho fiandry raha sendra misy fandaniana tsy ampoizina. Nahay nanararaotra ireo fanampiana sy asa soa marobe azony raisina ny vadiko. Kanefa tsy mahafaly ahy izany hoe miantehitra amin'ny fihantran'ny olona foana izany fa tokony ho dingana fotsy ihany izany.

Very hevitra aho; kivy tanteraka. Fiadanana no notadiavina, kanefa toa vao mainka milentika aho raha injay mba miroso kely. Be loatra anefa ny làlana vitanay ka tsy afaka ny hihemotra intsony izahay.

Tsy nanana vola hodiana any Madagasikara na asa tao amin'ny orinasa fitrandrahana intsony koa aho.

Lehilahy very eo afovoan'ny ranomasina no fahitako

ny tenako. Na aiza na aiza aleha dia toa tsy misy mangirana avokoa. Tsy tanim-piadanana intsony i Aostralia amiko, fa tanim-pahoriana.

TOKO 8
MISY NAMANA HATRANY HATRANY

Tafahitsoka tao Berrimah Farm aho

Nody aloha aho indray andro satria tsy dia nisy asa tao am-piasana. Nahasosotra ahy ihany izany satria nila vola aho taorian'ny tsy niasako nandritra ny tapa-bolana. Nanararaotra niala sasatra ihany anefa aho iny andro iny.

Nony tonga teo am-baravaran'ny trano aho dia naneno ny findaiko. Tolotr'asa tao amin'ny sampan-draharaha governemantaly iray no anton'ny antso. Izay no tolotra voalohany azoko. Tsy nisy nahomby manko ireo fangatahana marobe nataoko tao amin'ny tranokalan'ny governemanta.

Nolazain'ilay olona tamiko fa efa noresahiny avokoa ireo olona mpampiasa ahy taloha, ary nahafa-po ny valinteny azony. Nifanaraka izahay fa hihaona ao amina toeram-piompiana iray lavitra ny tanana telo andro aoriana. Roapolo minitra no faharetan'ny làlana raha mandeha fiara miala avy ao Darwin.

Tena faly aho. Nihevitra tokoa aho fa io no fomba anamarinan'ny governemanta fa mendrika asa ambony kokoa noho ny mpanasa fiara aho. Tafarina arak'izay koa ny zotom-poko. Efa kivy tanteraka aho manko tamin'ireny fotoana tsy nisian'ny asa ireny ka tsy ampy nivelomana ny karama noraisiko. Nangataka tamin'ny mpampiasa ny tsy hiasa tapak'andro aho. Antomotra loatra anefa ny fangatahako ka tsy faly izy. Efa nampoiziko ihany izany. Nanao fampitandremana farany izy ny amin'izany.

Nahazo alalana tsy hiasa ihany anefa aho. fanamby hafa mihitsy ny fitadiavana ilay toerana sy ny fizarana miteny anglisy toy ny aostraliana ao anatin'ny roa andro.

Nasiako GPS ilay HTC keliko, dia nandeha nankany amin'ny toeram-piompiana iray tany Berrimah aho. Asabotsy ny andro ka nalalaka ny làlana. Mora ihany ny nahatongavako tany. Nifanena tamina fiara iray aho, nijerijery ahy ilay mpamily fa tsy noraharahiako. Notohizako ny lalako ary tonga tao amin'ilay toerana ihany aho. Falifaly ery aho teny am-piverenana. Nony andeha hivoaka anefa dia gaga aho fa nihidy ilay vavahady teo amin'ny làlako.

****

Avotra Ihany

Tsy nisy olona nanodidina, ary tsy nisy namaly tao amin'ny vata fandraisana teo am-bavahady. Mihitsoka ato anatiny aho. Tsy tsaroako intsony ny fiomanana rehetra, hatramin'ilay asa. Kivy tanteraka aho. Nakipiko ny masoko ka nivavaka aho.

Tampoka teo anefa, tsaroako fa misy namako miasa ao amin'io toerana io. Notadiaviko ny laharana findainy dia nantsoiko izy. Roxane no anarany. Tsy namaly mihitsy izy.

Nitombo ny fitaintainako. Naneno tampoka ny findaiko, i Roxane no niantso. Notantaraiko azy ny nahazo ahy, ary novaliany fa mbola nanao fizahàna tany amin'ny Big W izy ka tsy afaka nandray ny antsoko. Fa ny vaovao mahafaly dia manana karatra ahafahana miditra ato izy.

Mandalo eo akaikin'ny tobim-piompiana ny làlany mody mankany Palmerston. Dimy amby folo minitra monja taty aoriana dia tonga izy nanafaka ahy. Ah, Roxane, tena ianao ilay anjely voairaka hanafaka ahy ianao. Tsara foana ny mitahiry laharan'olona anaty finday; mety hanavotra ny ainao izy ireny indray andro.

Niresadresaka kely teo izahay. Nody aho avy eo. Vonona aho hiatrika ny sedra manaraka, izany hoe misosa tsara rehefa miteny anglisy aostraliana.

Aza kivy raha sendra mahatsiaro very na mihitsoka amina zavatra iray ianao. Misy namana foana eo, arak'ilay hira malagasy tena ankafiziko izay manao hoe: "*Misy Namana Hatrany, Mahaleo*".

****

Ny Tantarako No Sisa Fananako

Hoy ny fitenenana hoe: "*tsy afaka hilentika lalina noho ny tany ianao*". Hisy ny fotoana hiarenanao indray. Tsara izany fitenenana izany e? Kanefa sahiko ny milaza aminao fa afaka mandeha lalina kokoa ianao, ary efa mby halevina mihitsy aza raha manary toky.

Naharay mailaka aho milaza fa nofaranan'ilay sekoly mandray ny tetikasa JET any Madagasikara ny fiarahamiasa. Midika izany fa tapitra hatreo ilay nofinofiko hitondra fiovana amin'ny fiainan'ny tanora ao amin'ny tananako. Ny tetikasa JET mantsy no nanosika hifindra monina aty Aostralia, mba hanangona vola ho an'izay. Iny hariva iny koa no nahazoako mailaka roa avy tamin'ny governemanta fa tsy azoko ilay asa roa nanaovako fangatahana na dia efa anisan'ireo tsara toerana indrindra aza aho.

Olona nanary tena no nahitako ny tenako: nanana asa tsara karama, nitokisin'ny fianakaviako, reharehan'ny namako sy ireo olom-pantatro ny fahamendrehako amin'ny maha olombelona (noho ny amin'ny maha Aostraliana mainty hoditra ahy). Ankehitriny anefa rava koa ny nofiko. Tena nahatsiaro ho irery aho. Aiza ary zao ilay namana tsiambarateloko iny?

Nakipiko ny masoko, naka rivotra tsara aho. Indro nahita hevitra indray. Hozaraiko tamin'ny hafa ny fahasahiranako, mety hisy lesona azo tsoahina ihany angamba ao. Na very avokoa aza ny zava-drehetra teo am-pelatananao: ny harena, ny fitiavana, ny haja, aza maika ny hamono tena. Mbola misy zavatra iray eo am-pelatananao – ny tantaranao. Mifatotra aminao io, ianao io, ary tokana aman-tany izany.

Tsy afaka manova ny lasa ianao, fa afaka mizara izany kosa. Afaka manova ny ho avy kosa anefa ianao, ary mety hampanan-karena anao aza izany. Teo no niatombohan'ny fanoratako ity tantara ity. Tiako ho tsapanao manko ny fahafahana entin'izany fanoratana izany. *Raiso ara ny penina dia soraty ny tantaranao.*

****

Vanim-potoan'ny fahafahana

Miramirana i Ella tamin'ity herinandro ity. Nahazo fahazoan-dalana hamily fiara eto Aostralia amin'izay izy. Ela ny ela ka afaka hitondra fiara amin'izay ikala.

Taloha mantsy izy voatery nanenjika fiara fitaterana amin'ny 7 ora isa-maraina, miaraka amin'ny kitapo sy zaza roa: ny iray tantanana, ny iray kosa atosika amin'ny posety. Izany no niainany nandritra ny iraika amby folo volana. Tapitra hatreo izany.

Enina mianaka izahay, izaho ihany no mampidi-bola kanefa mbola kely koa ny karamako. Herintaona vao nahavita nizatra tamin'ny fifamoivoizana anglisy izahay, izay vao nahazo fiara sy nahangona vola hianarana mamily ary hanaovana ny fanadinana. Mafy ny sedra fa vitan'i Ella ihany ilay izy. Hilamina min'izay ny fametrahana ny ankizy ny amin'ny garabolan'ny oniversite. Velombelona ny sainy.

Nihena koa ny fahasahiranan'i Ella rehefa handeha hiantsena any amin'ny Fiangonana Batista any Casuarina. "Food for life" no anaran'ilay tsena. Taloha izy voatery nanosika posety feno sakafo sady manara-maso ny ankizy. Mahery fo sy marani-tsaina toko i Ella. Tena mendrika azy ito vanim-potoam-pahafahana vaovao ito.

Ry namako! Aza mety kivy. Mbola hiova ny zava-drehetra indray andro any, ary hahita ny anjara masoandronao ianao.

TOKO 9
MITOLONA MBA HO VELONA

Jery Todika

Feno herintaona androany ny nahatongavanay taty Aostralia hiaina fiainana vaovao. Na teo aza ireo sedra maro samihafa dia niezaka nitraka hatrany aho. Tsy mba nasehoko ny ankohonako mihitsy ny tebitebiko. Nanokana takariva iray izahay mianakavy mba hiarahana mankalaza izany andro izany.

Nandeha fiara i Ella sy izy telovavy zanakay, fa izaho sy i Lolo kosa nandeha fiara fitateram-bahoaka nankany Millner. Ilay trano nipetrahanay voalohany taty Aostralia no notsidihinay. Nitsotsotra teo an-jaridaina teo izahay sady nanao jery todika an'ity fiainam-baovao ity.

Te haka sary anay rehetra miaraka aho, kanefa mila olona iray hitazona ny fakan-tsary. Nisy ramatoa sendra nandalo nanaiky haka ny sary. Teo koa izy dia nanome torohevitra vitsivitsy momba ny fitadiavana asa. Tsara fanahy tokoa izy. Hoy izy hoe mahafinaritra azy ny mahita anay maro anaka toy izao.

Mba naniry hihaona tamin'i Dayna tompon-trano koa izahay. Marobe ny soa nataony taminay. Efa nifindra trano anefa izy, ary efa ho folo volana izay no tsy nahitanay azy.

Nony handeha hody anefa izahay dia tafahaona tamin'i Dayna tampoka. Sendra niampita izahay no nahita azy nitondra fiara. Kisendrasendra re izany! Nolazainay azy fa nitsingerina androany ny andro nahatongavanay taty. Nitafatafa folo minitra teo izahay; sady niresaka ny fotoana ahafahana mihaona indray.

Nody izahay avy eo. Faly sy afa-po ny rehetra. Raha ny marina anefa dia sady faly aho no nalahelo koa.

****

Alina Fotsy

Tsy nahita tory aho, nitanisa ny zavatra niainako nandritra izay herintaona izay. Aty Aostralia izaho sy ny ankohonako; trano misy efitra telo sady misy fanaka no itoerako; manana fiara mahazaka olona 5 aho hivezivezena (na dia tsy atonona ao aza izahay mianakavy).

Mianatra avokoa ireo zanako, ary mianatra any amin'ny oniversite koa ny vadiko, manana asa mahavelona sy vadin'asa roa aho ka afaka mandoa ireo vola rehetra ilaina amin'ny fianaran-janako.

Manasa fiara vaventy rehefa asabotsy ny asa iray. AU$9 isaky ny fiara no azoko amin'izany. Ny iray kosa dia ny mampianatra teny frantsay any amina fianarana teny vahiny iray. Adiny roa isan-kerinandro no anaovako izany. Ireo asa telo ireo no ahafahako mandoa ny zavatra ilaina rehetra ho an'ny ankohonako.

Na dia izany aza, tsy manana fiantohana ara-pahasalamana aho. Tsy mba manana tahiry firy akory aho. Niala ny nifiko iray noho ny harerahana avy amin'ny asa. Nihinana solon-tsakafo aho mba hahazoako hery na dia efa mandindona aza ny vato aretin'ny voa. Tsy afaka tsy miasa aho satria mila mamelona vady aman-janaka. Tsy afaka mankany amin'ny hopitaly koa anefa satria tsy manana fiantohana. Niezaka nisotro rano be sy nanaraka ireo torohevitra hitako tamin'ny aterineto fotsiny aho.

****

Fanavakavaham-bolon-koditra amin'ny endriny vaovao

Sahiran-tsaina aho tanatin'izany rehetra izany. Toa tsy misy mangirana azo andrandraina mihitsy ny ho aviko. Intsivy nolavina ny fangatahan'asa nataoko – nisy mandà tamin'ny alalan'ny antso an-tariby, ny hafa kosa nifanatritava mihitsy. Tao ny asa momba ny fitantanana, ny fambolena voninkazo, na andraikitra ambony hany. Nisy fotoana aza efa nantsoina mihitsy ireo olona mpanohana ny fangatahako – izay olona ambony tokoa, kanefa niova hevitra indray ilay mpampiasa rehefa avy nohaona tamiko avy eo.

Nihevitra aho fa fanavakavaham-bolon-koditra amin'ny endriny vaovao angamba no mianjady amiko. Mahagaga fa tsy dia ahitana olona mainty hoditra firy any amin'ny birao – ankoatry ny mpiambina sy ny mpivarotra – raha tsy hoe mainty hoditra mihitsy angaha no tompon'ilay toerana.

Herintaona izay no nitadiavako asa tsy ankitsahatra. Voarindra tsara ny CV-ko; ankatoavina aty Aostralia ny mari-pahaizako, ary traikefa iraisam-pirenena nandritra ny roa amby folo taona no ananako. Asa maro no nataoko teto Aostralia nandritra ny roa amby folo volana, ary mahay miteny anglisy tsara aho ary manana mpanohana azo antoka. Fanavakavaham-bolon-koditra ihany no antony hitako afaka manazava izany.

Nahatsiaro ho irery eo afovoan'ny ranomasina aho: rahoviana re vao mba hahazo ny visa tsy manam-petra izay ahafahako misitraka fitsaboana, fanampiana ara-tsosialy sy ara-bola moramora kokoa e? Mbola misy herintaona vao mety hahazo izany aho.

Azoko andramana ny mody any Madagasikara ary miverina amin'ny asako taloha. Midika anefa izany fa very maina ihany ireo ezaka marobe nataonay hatrizay.

Mbola misy fanantenana raha mbola velon'aina

Tsy nahita tory toa ahy koa i Ella. Nampihetsi-po azy loatra iny tsingerin-taona iny, hany ka nankarary azy. Nibitsibitsika tamiko izy hoe : "marary loatra ny lohako, marary ny tendako, mangatsiaka aho."
Notsapaiko ny tendany ary tsikaritro fa nibontsina ny tiroidany. Tsy nafana hoditra anefa izy, fa ny fitempon'ny fony no nahatratra 110 isa-minitra, ary niakatra ny tosi-dràny. Nomeko siramamy iray sotro izy, ary noriko kely, indrindra teo amin'ny ratsany.

Tsy afaka nandeha tany amin'ny hopitaly izahay noho ny tsy fahampiam-bola sy ny tsy fananana Centrelink na Medicare. Raha voatery miditra hopitaly izy, dia hikorontana tanteraka ny fiainam-pianakavianay satria tsy maintsy miala amin'ny asako aho hikarakarana azy. Ary tsy misy hivelomanay mianakavy intsony. Nitsabo tena tao an-trano izy noho izany.

Nivavaka mafy aho mba hahatody ny andro maraina i Ella. Tapa-kevitra ny handeha any amin'ny Topend Medical, ilay toeram-pitsaboana akaiky anay izahay. Narahiko maso ny tosi-dràny sy ny fitempon'ny fony. Isaky ny dimy amby folo minitra aho no nitsapa izany.

Nahazo aina kely izy rehefa avy noriko, fa ny aretin-tendany no nihamafy hatrany. Nambarany tamiko fa very rà be izy nandritra ny fadim-bolany telo andro lasa izay. Tonga saina aho fa mety tsy ampy rà angamba izy io.

Nomeko sakafo tsara sy fanafody izy mba hahafahany matory.

Tsy maintsy navelako tamin'i Sandy vavimatoanay izy ny maraina satria efa nahazo fampitandremana aho fa mety ho very asa raha toa ka mbola tsy mampilaza amin'ny tsy fahatongavana miasa. Maro loatra ny fiatoana nataoko noho ny fitadiavako asa, hany ka nanakorotana ny firindran'ny orinasa.

Tena narary mafy i Ella tamin'izay, fanimpanina sady marefo izy. Nanome toky anefa izy fa tsy ho faty satria mbola mila mikarakara ny ankohonany. Tsy afaka nitondra fiara izy ka i Sandy no nitondra azy mandeha tongotra any amin'ny dokotera. Iray kilometatra ny lalana hatao amin'izany. Nijanona matetika izy ireo mba haka aina. Mahery fo i Ella.

Nahita dokotera ihany i Ella ary nahazo fanafody itsaboana ny tiroidany ihany.

Tsy haiko ny tsy hankasitraka an'i Ella noho ny fahafoizan-tenany sy ny herim-pony. Na dia diso fanantenana tamin'ny fiainanay taty Aostralia aza izy dia nitraka hatrany, tsy nety kivy. Ny fahavelomana no zava-dehibe indrindra aminy satria raha mbola misy koa aina, dia tsy ho foana fanantenana!

TOKO 10
ILAY MPANDRESY AO ANATINAO AO

Resy

Tena ratsy ity andro anio ity. Nalahelo mafy aho satria nifamaly tamin'i Ella indray. Nambarany Tamiko mantsy fa tena nanenina izy nanambady olona resin'ny fiainana toa ahy. Voatery nitso-drano azy azy aho raha te hitady fiainana tsaratsara kokoa izy.

Tsy mba nanampy ahy tamin'ny fiomanana tamin'ny adina asa tany Berrimah Farm i Ella. Tsy mba nisy notantaraiko azy ny zavatra nanjo ahy tany. Tena nahatsapa ho irery aho.

Nitady izay hampifaly ny tenako aho ka nanapa-kevitra hiantso ny olona misahana ilay tolotr'asa tany Berrimah mba hanontany ny fiafaran'ilay fangatahako asa. Nahery fiteny ilay rangahy niresaka tamiko tao amin'ny finday. "Tsy tsara noho ireo olona hafa nangataka asa ianao" hoy izy. Nanampy trotraka ny hakiviako izany.

Olana tsy misy fiafarany

Tsy vita hatreo ny olana. Raha nanokatra mailaka aho dia nahita hafatra avy tamin'ny bankiko tany Madagasikara nilaza fa tsy voaloako ny trosako ka ho esorina amiko ny tranoko. Tsy rariny izany. Efa nalefa tany Madagasikara avokoa ireo tamberin-ketrako rehetra taty Aostralia mba handoavana ny trosako rehetra tany. Ny olana anefa dia sarotra ny manakana ny banky avy aty alavitra (Aostralia) raha haka ny fananako izy.

Nataoko tao anaty kitapo ny findaiko. Teo no nahitako ilay taratasin'ny fiara nampatsiahy fa tokony ho tsaraina ato anatin'ny roa andro ilay fiara raha tsy izany dia tsy azo entina intsony. Tsy ho afaka amin'ny fitsarana anefa ilay fiara raha tsy tonga ireo singa nafarako avy tany Etazonia. Tena mangidy ny fiainana aty Aostralia.

Nahazo loka iPad aho

Naka toerana mangingina tao am-piasana aho andevonana ireo ngidy rehetra niainana. Nanao fanamby aho fa handrakitra ny tantarako an-tsoratra. Teo am-pisakafoana atoandro aho no nisy niantso,. Ramatoakely no niresaka tamiko. Faly ery izy nilaza tamiko fa nahazo iPad aho. Tranoeva iray tao amin'ny tsenaben'ny asa izay natao tao Darwin no manolotra izany.

Ela ny ela fa mba nisy vaovao tsara ihany nanasitrana ity aretim-poko. Mpandresy ihany kay aho. Mora vimbinina sady mety anoratana ny tantarako tsara ity loka azoko.

****

Nihazakazaka aho nankany amin'ilay toerana angalana ny lokako. Nofihiniko mafy ilay ramatoa ary nolazaiko hoe "androany aho mahazo iPad fa amin'ny manaraka aho hahazo asa ato aminareo."

Roapolo minitra taty aoriana dia efa tafaverina sahady tao amin'ny toeram-piasako aho.

Nony hariva asehoko ireo zanako efatra ny loka azoko sady nihiaka aho hoe "jereo ny azoko tany amin'ny tsenaben'ny asa!". Nifanosika izy rehetra namihina ahy sady nihiaka hoe "Mpandresy isika!" Niverina indray ny hafaliako, ary vaovao mahafaly no nanaraka izany.

Tonga ara-potoana ireo singan'ny fiara nafarako. Vita ara-potoana ny fitsarana sy ny fanoratana anarana ny fiara. Ilay rahalahiko niasa tao amin'ny banky tany Madagasikara no nanazava ny famerenana ny trosako hany ka avotra ny tranoko.

Niova angamba ny fijerin'i Ella ahy rehefa nandre ireny vaovao mahafaly ireny izy fa natoky ny amin'ny hoavinay indray izy.

Toa miangatra ny fiainana indraindray, kanefa mety ho zavatra bitika no hanova ny fiainanao manontolo, ka hamerina ny hafalianao indray. Aza mety kivy, fa misy *mpandresy miafina ao anatintsika ao*.

****

Andramo ihany aloha

Nanosika ahy hiala sy hanadino ny fiainako taloha ity dianay ity. Tsy afaka mihemotra intsony aho fa tsy maintsy manarina ny fiainako aty Darwin.

Na teo aza ny faharesena maro niainako, dia nianatra ny hifaly tamin'ireo zavatra tsotra indrindra aho toy ny fotoana niarahanay mianakavy nifaly, ny tsikitsikin'ireo zanako, ireo fahatsiarovana maro mitamberina, ary ny hatsaran'i Darwin, sns.

Nametraka fanamby vitsivitsy aho mba ahafahako miroso bebe kokoa:

- ny hifaneraserana amin'olona
- ny hitazomana ny asako ankehitriny na dia mitady hafa tsaratsara karama ihany aza
- ny hitandremana ny fahasalamako

Tamin'ny fotoana nanombohako nanoratra dia feno

taratasy aman'arivony hoan'ny fangatahan'asa maherin'ny fiton-jato ny solosaina. Nino aho fa tsy maintsy misy toerana ho ahy eto amin'ity tany ity. Raha tena mitsinjo ireo olona manirery tokoa Andriamanitra, dia izao no fotoana tokony hanehoany ny famindrapony sy ny heriny.

TAPANY FAHEFATRA
ARARAOTY NY FIAINANA
Iaino ny fiovana

TOKO 11
MIZOTRA MANKANY AMIN'NY FIAINANA MENDRIKA

Kihon-Dàlam-Piainana Hafahafa

Nandalo kihon-dàlana hafahafa ny fiainako noho ireto zavatra manaraka ireto. Voalohany dia nisy fanantenana ihany ny fangatahan'asa nataoko tao amin'ny sampana governemantaly iray. Indroa izy ireo no nangataka ahy hanome fanampin-taratasy hamenoana ny fangatahako.

Anderson, iray tamin'ireo mpanohana ny fangatahako izay monina any U.K. no nampilaza ahy fa nisy niantso izy mikasika ahy. Rah ny zavatra efa nianako anefa dia tsy nanantena intsony aho satria miangatra ny fandraisana mpiasa aty Aostralia.

Faharoa, dia tsy afaka mampiasa vatana be loatra intsony aho, indrindra amin'ny asako.

Niharan-doza manko aho tao am-piasana indray mandeha. Talata ny andro tamin'izay. Avy nanasa ny fitaratra alohan'ny fiara tsy mataho-dalana iray aho no nibolisatra ka nidona tamin'ny aro-dona alohan'ny fiara. Ny andilako no voa.

Tampoka sady mafy loatra ilay fianjerana satria nikoropaka aho. Tsy ampy ny mpiasa tamin'izay (olona roa mantsy no tsy tonga niasa) ka nila niasa haingana aho mba hanomezana fahafaham-po ny mpanjifa.

Tsy afaka nihetsika loatra aho taorian'izay loza izay. Nianjera aho isaky ny niondrika, toy ny hizara roa izany ny valahako.

Tsy dia nivaky loha aho satria noheveriko fa ho sitrana aho ny ampitso. Kinanjo vao mainka niharatsy. Nanaovako tatitry ny loza ilay lehibeko ary tonga niasa ihany aho ny ampitson'iny, kanefa tena nihena be ny hafainganam-pamindrako. Nitombo ihany koa ny fanaintainana. Tsy afaka nitondra fiara, nibata enta-mavesatra, na niondrika, eny fa na nipetraka intsony koa aza aho.

Nankany amin'ny dokotera aho ny ampitson'iny. Vao avy nitsidika an'i Madagasikara ity farany ka nifankahazo tsara ny resakay. Nozahàny tamin'ny tara-pahazavana X aho ary nomeny fanafody vitsivitsy. Nolazainy ny mpampiasako fa tsy afaka miasa roa andro aho ary mbola hisy fizahàna hafa koa ho avy.

****

Tsy misy Asa hoan'izay Marary

Mpiasa tsotra ihany moa aho hany ka nalefa nody satria olona tomombana ara-batana no ilain'ny mpampiasa. Taitra aho. Tsy nanana fiantohana aho ka nila nandoa ny lany rehetra. Andro iray fotsiny dia efa AU$400 no sarany sady tsy nahazo karama akory aho.

Nangataka onitra tamin'ny orinasa aho. Olana lehibe hafa koa no nanomboka teo satria raha tsy tomombana ara-batana aho dia mety ho very asa mihitsy ary tsy hahita asa intsony. Nampihomehy ihany anefa fa nahazo tolotr'asa roa andro tany amina toeram-pilokana iray tao Sky City aho. Tsy maintsy nolaviko izany noho ny tsy fahasalamako.

Ahoana no fomba hamelomako ny vady aman-janako, handoavako ny faktiora rehetra sy ny saram-pitsaboana raha tsy misy asa aho? Tsy ampy ilay asa fampianarana adiny roa isan-kerinandro fanaoko.

Roa amby folo volana aho nitady asa tao amin'ny sehatra fitantanana kanefa tsy nahita. Toa tsy nisy valiny ny vavakay rehetra.

Niresaka momba an'izay tamin'ny vadiko aho. Nitomany izy. Navesatra loatra ny zioganay. Nikasa ny hisolo toerana ahy any amin'ny toeram-piasako izy ary izaho kosa hikarakara ny ankizy. Indrisy fa tsy maintsy hiato ny fianarany any amin'ny oniversite raha izany.

Tsy hahazo fanampiana intsony koa izahay raha izany satria tsy manome fanampiana ny mpitarika ny visa izy ireo. Niangaviako i Ella hiandry ny valin'ilay fitiliana mialohan'ny hanapahana hevitra. Tena sahiran-tsaina tamin'ny fidiram-bola izy satria tsy mba nanana tahiry mihitsy izahay.

Arahabaina Leitsy a!

Efa teo amoron-tevana izahay no nahazo mailaka indray aho. Nosokafako ilay izy. Mba saintsaino hoe izay mety nambarany! Fiarahabana no tao, azoko ilay asa nanaovako fitsapana telo herinandro lasa izay. Asa manontoloandro ao amin'ny sehatry ny fitrandrahana no natolotry ny governemanta ahy.

Novaliako tamin'ny mailaka sy tamin'ny antso an-tariby izany tolotra izany. Tapaka fa amin'ny herinandro aho no hanomboka. Iny no vahaolana nanafaka ny tebitebinay rehetra. Enga anie ka mba hamarana ity fahasahirananay tsy mety tapitra ity koa izany. Tena tsara Andriamanitra, fantany ny fotoana mampety ny zava-drehetra ho an'ireo izay matoky azy.

Roa andro mialoha no natolotro ny Karys'Automotive ny taratasy fialàko. Ao anatin'izay no itadiavan'izy ireo olona hisolo ahy ka hampiofaniko mialohan'ny hialako. Nanaiky ny fialàko ny sampana misahana ny mpiasa ary nanaiky hanohana ny fangatahako asa ihany koa any aoriana. Nanao veloma ireo mpiara-miasa akaiky aho ny alakamisy 24 Novambra 2016.

Nitsena ahy teo am-bavahady ny vadiko, sady nitsikitsiky ery. Noarahabainy aho, nofihininy ary norohiny. Tapitra izay fahasahiranana izay hoy izy. Manomboka amin'izay ny fiainatsika aty Aostralia.

****

Herinandro Nahafinaritra

Nahafinaritra ny herinandronay. Niaraka tamin'ny zanako aho ny asabotsy tontolo. Nentiko tany amin'ny toeram-pamakiana boky sy tany amin'ny foibe fanodinana fako izy ireo hivarotana ny tavoahangy voaangonay nandritra ny tapa-bolana.

Avy eo dia nateriko tany amin'ny namany tany Casuarina i Grace, ary nentiko tany amina toeram-pilalaovana tsy lavitra teo kosa ireo zandriny. Nankany amin'ny CDU aho avy eo mba hanao famerenana ny konseritra amin'ny krismasy.

Ny alatsinainy 28 Novambra no nanombohako ilay asa vaovao. Ny vadiko no nanatitra ahy tany am-piasana. Tsingerin-taona nahaterahan'i Lolo rahateo ny ampitson'iny.

Nahazo fanomezana avy tamin'ny namanay tany New South Wales izahay ny zoma. Nanasa anay hiara-hilomano sy hiara-kisakafo aminy tany amina toerana mahafinaritra be iray kosa i Nenitoa ny alahady mba hankalazana ny nahazoako asa vaovao. Tsara loatra ka! Tsy mampino! Niaina toy ny Aostraliana amin'izay izahay

Eny tokoa, nahafinaritra iny herinandro iny, feno ny fo ary nitombo indray ny fifankatiavanay mivady.

TOKO 12
ORAM-BARATRA SY MASOANDRO MIBALIAKA

Ilay Alina tany amin'ny Hopitaly

Narary vavony i Ella nandritra ny herinandro. Tsy maintsy nentina tany amin'ny hopitaly izy noho izany. Tao amin'ny sampana vonjitaitran'ny hopitaly tao Darwin izahay ny atsasaky ny alina. Soa ihany fa rehefa nojerena ny valin'ny fitiliana dia tsy nisy natahorana.

Nandeha niasa aho ny ampitson'iny ary taitra aho nahare fa efa notendren'ny Ministra ho Mpanaramaso ny harena ankibon'ny tany aho. Nanomboka teo dia afaka nitondra fiaram-panjakana sy nizaka ny zo amin'ny maha mpiasam-panjakana ahy aho. Tsy niova ny karamako. Fa efa dingana lehibe ho ahy izany.

****

Vaovao tsara

Nisy simaiso niditra tao amin'ny findaiko nony tonga tany an-trano aho ny hariva. Inona no ambarany hoy ianao? Avy any amin'ny Departmantan'ny fizahantany eto an-toerana, ilay simeso. Nekena ny famatsiam-bola ny fanoratana bokin'ankizy mitantara ny fiahavian'ny Malagasy voalohany tany Darwin. Feno ny fifaliako iny hariva iny!

Nankany amin'ny trano fiantohana Bupa izahay ny ampitso hanontany ny saram-piantohana ara-pahasalamana hoanay mivady. Nanontany ny isan'ny zaza ilay tompon'andraikitra. Efatra hoy aho. Nihomehy ilay olona sady nanontany hoe "naninona no tsy nanao fiantohana hatramin'izay, AU$1.9 isaky ny ankizy ihany anie no saran'izany e?"

Tsy nampoiziko. Mailaka ery aho nanao sonia ny taratasy ary nody tany an-trano. Faly sy afa-po tanteraka aho. Azonao an-tsaina ve ny hafalianay tao an-trano raha nahafantatra fa nahazo fiantohana vaovao izahay? Tena feno fahasoavana iny herinandro iny. Isaorana Andriamanitra!

*****

Efa Mitondra Ny Anaranay Io

Nahavita nanangona AU$5,000 ihany izahay farany hividianana fiara mahazaka olona fito. Andro maromaro, herinandro mihitsy aza no nitadiavanay tao amin'ny aterineto izay nety taminay sy takatry ny volanay.

Indray takariva izay, sendra nahita dokam-barotra fiara Volkswagen Caddy iray tamin'ny vidiny AU$7,999.

Nankany Barramundi, ilay toeram-pivarotana fiara, izaho sy Ella ny ampitso mba hiady varotra ilay fiara. Natoky tena tsara aho fa hahazo izany satria efa mpiasam-panjakana.

Tsara fanahy sady fatra-panaja olona koa ilay mpivarotra. Feno ny taratasy rehetra, voaloa ny vola antoka, dia nolazainy taminay fa mila miandry telo andro izahay mandra-pahatapaka ny varotra. Herinandro taty aoriana anefa dia tsy mbola nisy vaovao ihany.

Niantso ilay mpivarotra aho. Nidobodoboka mafy ny foko nony injay namaly ahy izy. Nambarany tamiko fa tsy olom-pirenena Aostraliana aho ary tsy manana visa tsy manam-petra ka tsy afaka hisitraka ilay fandaminana ara-bola.

Niangavy ahy ilay mpivarotra mba haniraka an'i Ella ho any amin'ny toeram-pivarotana fa averina aminy ny vola antoka. Latsa-dranomaso i Ella nankany; mba nanantena ny hahazo ilay fiara mantsy izy fa tsy ilay vola naverina. Nampalahelo e!.

Hitanay fa mbola tsy lafo ihany ilay fiara tapa-bolana taty aoriana. Nanantena izahay fa mety mbola hoanjaranay ilay izy noho izany. Nahagaga fa nitombo hatrany ireo olona nangataka an'i Ella hiasa hanadio trano. Ny ankizy koa nanangona tavoahangy hamidy ka nahazo vola kely nandritra ny fialan-tsasatra.

Nitsitsy sy nanangom-bola izahay ka tsy ela dia tafiakatra AU$7,000 ilay vola hividianana fiara taty aoriana.

Nankany amin'ny Barramundi indray i Ella mba hiady varotra. Azony ihany ilay fiara nony farany. Faly ery izy nody.

Hoy ilay mpivarotra taminy: "Kingalahy iny vadinao iny, efa fantany fa ho azonao ity. *Tadidio mandrakariva fa rehefa mitondra ny anaranao ny zavatra iray dia efa namany he anao iny.*"

Tsy haiko ny hamaritra ny hafalianay mianakavy. Hoy ny zanakolahy: "Nahazo fiara mena ngezabe 'zahay." Afaka miray fiara amin'izay izahay mianakavy ankehitriny isak'izay mamonjy fiangonana.

****

Ny Lafy Ratsiny

Tena nivoatra be mihitsy i Ella. Efa miteny anglisy tsara izy ankehitriny. Manana namana sy mampidi-bola ary mitondra fiara koa izy. Manohy fianarana izy sady manana maripahaizana momba ny fiahiana ara-tsosialy. Tsara fifandraisana na amin'ny olona eto antoerana an amin'ny fianakaviany sy ny namany any Madagasikara koa izy. Tonga lafatra ny fiainany.

Toa tsara loatra anefa izany ka tsy matiko lolo. Indrisy mantsy fa misy lafy ratsiny avokoa ny zavatra rehetra. Nanomboka nirehareha i Ella. Tsy nionona tamin'ny nifanarahanay intsony izy, fony izahay niala an'i Madagasikara. Tsy naharisika azy ny hamangy an'i Madagasikara ary tsy tia miteny malagasy intsony izy ato an-trano, fa naleony niteny anglisy mba hizarany bebe kokoa hono.

Tambonin'izany dia nanomboka nametra-panontaniana momba ahy foana izy, sady tsikerainy mandrakariva ny fomba familiko fiara (izaho anefa ilay nampianatra azy taloha). Zary, nahasorena ahy farany ny niara-niaina taminy. Naveriko taminy foana ny hoe "Mila matoky ahy ianao satria Izaho no nitondra anao taty Aostralia".

Nitohy foana ny resaka toy izany; toa matetika loatra aza, hany ka tsy niteny intsony i Ella na dia nanan-hambara aza izy. Tsy te hanao didy jadona aho, kanefa amin'ny maha vehivavy azy dia mba tokony ho hafa ny fomba firesany amiko rehefa mametraka fanontaniana fa tsy zazakely akory aho.

Olona manana ny hajako aho, indrindra amin'ny maha mpiasam-panjakana ahy. Mino aho fa miombokevitra amiko ianareo.

Nifamaly izahay indray andro, omalin'ny andro ahazoako ny mari-pahaizana momba ny teny anglisy. Nandeha irery tany amin'ilay lanonana fizarana diplaoma aho.

Gaga anefa aho nahita an'i Ella tonga nanotrona ahy teo anivon'ny olona. Misaotra ry Ella malalako. Hafa mihitsy ny toetranao, ialy tsy ampoizina foana!

TOKO 13
DINGANA LEHIBE

Afaka Mangataka Visa tsy Manam-Petra amin'izay

Roa taona androany no nahatongavanay teto Aostralia. Nandeha tany Millner, ilay toerana nipetrahanay voalohany taty, toy ny mahazatra indray izahay. Nilalao teo amin'ny zaridaina izahay ary nitadidy ireo lalana nodiavina nandritra izay roa taona izay.

Notantaraiko tamin'ireo ankizy indray ny zavamahatalanjona niainanay nandritra ity fifindra-monina ity.

Anio no manomboka ny fahafahanay mangataka visa tsy manam-petra.

Natao teo no ho eo ny fangatahana ary tonga dia nankany amin'ny Medicare izahay ny ampitson'iny. Nijerijery anay daholo ny olona raha injay namonjy ny filaharana izahay mianakavy satria maro anaka moa.

Naharitraritra ny fisoratana anarana tao amin'ny Medicare. Ny anaranay rahateo lavabe ka tsy atonona ilay karatra.

Vita ihany ny fisoratana anarana adiny iray taty aoriana. Notolorana taratasy fanamarihana ny fiantohana ara-pahasalamana avy amin'ny fanjakana izahay mandra-pahavitan'ny karatra. Afaka misitraka fitsaboana maimaim-poana amin'izay izahay manomboka eto.

Tonga ilay karatra afaka tapa-bolana. Izahay rahateo moa tia mankalaza zava-bita ka nanasa an'i Nadia, ilay mpifanolobodirindrina taminay, ary nanao fety kely.

Mbola lavitra ny lalana ahazoana ny zom-pirenena Aostraliana, kanefa faly izahay fa vita ny dingana voalohany.

****

Manimanina an'i Madagasikara

Efa manana asa tsara aho ankehitriny ary efa milamina ny fiainan'ny fianakaviako. Naniry ny hiala voly kely amin'izay izahay. Akaiky fianarana sy toeram-piasana ny tranonay ka nilamina ny fianana.

Efa nahazo antok'asa maro i Ella tamin'izay. Niely mantsy ny lazany noho ny kalitaon'ny asa fanadiovana ataony.

Efa afaka miasa koa i Sandy na dia mbola mpianatra aza. Nanomboka nanangona vola izy arak'izany ary nanampy anay tamin'ny saran-dalana. Izao angamba no fotoana tokony hiverenana hitsidika an'i Madagasikara.

Voazimbazimba ny maha kristiana aty Aostralia. Lasa fotoam-pialan-tsasatra fotsiny mantsy ny krismasy fa hadino tanteraka ny maha fetim-pinoana azy. Izany no nahatonga anay hanapa-kevitra ny hankalaza ny krismasy araka ny tokony ho izy.

Maninona marina moa raha mandeha mankany Madagasikara tokoa? Izahay mianakavy rahateo efa zatra mandray anjara amin'ny konseritra krismasy isan-taona. Ny ankizy efa manomboka tsy dia mahay miteny malagasy intsony. Ireo roa lehibe moa efa sahirana mihitsy miteny frantsay.

Resy lahatra aho fa izay no mety. Nahatsiaro ho irery koa aho nony tsy nandray anjara intsony tao amin'ny antokom-pihira tao Darwin (noho ny fifamaliana aterak'izany ato an-tokantrano).

Zara raha nifandray tamin'ireo namako tany Madagasikara aho, efa ho roa taona izay. Nalahelo ny resadresaka sy ny hanihany nifanaovana tany mihitsy aho. Lehibe loatra ny tsy fitoviana amin'ny lafiny teknolojika sy ny fahefana ara-bola amin'ireo firenena roa ireo, ka tsy afaka nampiasa tambazotran-tserasera toy ny Skype na messenger loatra izahay. Tena lafo ny antso iraisam-pirenena satria mahatratra AU$10 ny roa minitra.

Nifandray tamin'olona betska kosa i Ella noho ny asany, hany ka tsy dia nahatsiaro ho irery toa ahy izy. Te-ho any Madagasikara ihany anefa izy hamangy ny havana aman-tsakaiza, ary indrindra mba haka aina kely koa.

Resiko lahatra ny ankohonako fa tonga ny fotoana hodiana kely any Madagasikara. Araka ny nolazaiko tamin'ny zanako ombieny ombieny: ny fomba tsara indrindra hanatanterahana zavatra iray dia ny miara-manonofy an'izany na misy ny fahefana hanatanteraka izany na tsy misy.

Niombon-kevitra avokoa ny rehetra ka nanomboka nanangom-bola hanaovana ny dia izahay. Nanokatra kaonty manokana any amin'ny banky izahay hanangonana ny vola. Nahazo kaonty manokana koa ny ankizy.

Nisy boatin-drakitra vaovao nataoa hanangonana ny vola madinika, sy mba hanaovana asa soa any Madagasikara.

Ny ankizy kosa nanangona tavoahangy. Nanodidina ny AU$40 isam-bolana eo ho eo ny vola azon'izy ireo tamin'izany. Nameno ny eritreritray sy ny vavakay mandrakariva i Madagasikara nanomboka teo.

Tena nahagaga fa tanatin'ny telo volana monja dia efa nahatratra AU$5,000 ny vola voangonay mianakavy raha natambatra. Ampy andoavana ny saran-dalan'olona dimy izany. Nahavatra i Ella nitady takilam-pisidinana mora vidy tao amin'ny aterineto isa-maraina.

Namporisihiko izy hiresaka amin'i Mary, ilay namanay any NSW. Izy manko tena mahay mitady tolotra mora. Nanjary mpanolo-tsaina tamin'ny dia mihitsy aza izy.

Nataon'i Ella izany. Vetivety ihany dia nambaran'i Mary fa lafo loatra ilay sidina hitanay raha ampitahana amin'ny hafa amin'izao vanim-potoanan'ny fety izao. Nahita izay moramora kokoa izy, saingy mbola mandalo Bangkok sy Addis Abeba ilay sidina. Tena tianay ny mitaingina fiaramanidina, hany ka izay lalana izay no nosafidianay. Indrisy fa tsy ampy ny volanay raha samy mandeha izahay mianakavy. Izahay anefa tsy mahazo misaraka. Ny hany azo atao dia ny mandoa tsikelikely ny saran-dalanay mianakavy amin'ny ampahan'ny zotra.

Nandoavana ilay sidina lava indrindra – lalana Bangkok mankany Antananarivo – ny vola tahirinay aloha. Avy eo dia naloa tsikelikely arakaraky ny nahazoanay vola ny sidina akaiky. Nandeha tsara izany, hany ka nanomboka natoky tena be loatra izahay. Very ny fahazotoanay nivavaka sy namaky Baiboly. Nanomboka nahatsiaro nahavita tena koa izaho sy ny vadiko.

Nanomboka tsy nifampiraharaha intsony izahay, fa samy namaritra samirery ny hatao amin'ny fialan-tsasatra sy ny vola. Ny teny filamatra noraisinay tamin'iny dia iny dia ny hoe : "Izay tiako ihany io."

Tsy nisy na dia herinandro iray aza tsy nifamalianay. Henon'ireo zaza isan'andro ny hoe leo azy ireo ny reniny. Indray maraina dia nimenomenona indray ny vadiko raha iny niomana ny handeha hiasa iny aho. Tsindriako kely izao manaraka izao.

Efa roa volana aho no tsy natory tsara. Nisy fotoana aho tsy natory folo alina. Vokatr'izany dia lasa nikorotana ny fiainako ary mora sorena aho. Niezaka ihany anefa aho ny hiasa toy ny mahazatra na dia tsy tsara ny zava-bitako.

Tsy zakan'ity vatako izay efa trotraka sy kizitina ity intsony ny teny maratra ao an-tokatrano. Noroahiko ny vadiko iny maraina iny sady nolazaiko hoe : *"Raha izahay no manjary vesatra ho anao, leo anay ianao, mandehana miala an'ity trano ity ary aza miverina intsony. Ateriko ny ankizy, tsy te hahita anao intsony aho raha miverina eo."*

Nateriko tany am-pianarana ireo zanako vavy ary nentiko nanaraka ahy nitady akanin-jaza mifanaraka amin'ny ora iasako ilay zanako lahy.

Nahita iray mety aminay izahay rehefa avy nitsidika akaninjaza telo samihafa. Lafo ilay izy fa tsy maintsy nekena. Tamin'izay fotoana izay ny vadiko no nanoratra tamiko hoe mila mankany amin'ny banky izahay hanakatona ilay kaonty niraisana ary hizara ny vola voatahiry tao.

Nalahelo aho, kanefa tsy maintsy nanaiky satria efa be loatra izay fifamaliana izay ary manimba ny fanabeazana ny ankizy izany. Nanahy ihany aho hoe ny fahazoany vola no mahatonga azy manao toy izao. Efa mitady fahalalahana feno angamba izy.

Nojereko ny antontanisan'ireo olona misarapanambadiana rehefa avy mifindra monina aty Aostralia ka resy lahatra aho fa angamba tonga koa ny anjaranay. Efa nomaniko ny taratasy hanomezako alalana azy hanova ny antoka ara-pahasalamana mba hosoniaviny ary hialany tanteraka amin'ny fiainako.

Raha nihaona tany amin'ny banky izahay dia nangataka tamin'i Ella aho ny hijanonany. efa nampoiziko fa nikasa hody tany Madagasikara izy. Novaliany anefa aho hoe tsy misy idirako izany satria izaho efa tsy tia azy intsony.

Hoy aho taminy hoe andraikitro amin'ny maha raimpianakaviana ahy ny mamantatra ny toera misy ny reninjanako. Te-hanome valiny mahafapo aho raha manontany ahy ireo ankizy hoe aiza ny reniny.

Naveriko taminy ihany koa fa mbola tia azy aho, fa izy no nitabataba tamin'ny fianakaviana nilaza fa leo anay mianakavy.

Raha ny tena marina, mbola tia ny vadiko aho. Tiako fotsiny ny mba hiovany sy ny hiainany am-pahendrena toy ny tany Madagasikara.

Nasehoko azy fa efa nahita sekoly ho an'i Lolo aho. Nanohina ny fony izany, ka nasehony ahy ny toerana nisy ny entany ary nolazainy fa vonona ny hody any an-trano izy.

Ny tiana ambara tamin'izany dia ny hoe efa nila ho rava ny tokatranonay raha nikasa ny hody any Madagasikara izahay.

Toa ratsy izany zava-niseho izany raha jerena maika kanefa nanampy anay hiray hina sy hifikitra amin'ny filamatray Raza. *Raha misy zavatra tiana ho tanteraka dia mila miray saina isika hanonofy azy ary mino fa ho vita izany.*

Nanomboka tamin'izay andro izay dia ny hankalaza krismasy any Madagasikara no tena foto-dresakay mianakavy.

Nino izany ny rehetra, ka nisy zavatra mahagaga marobe nitranga. Nangatahin'ilay foibe fianaran-teny vahiny aho hampitombo ny ora fiasako amin'izy ireo.

Nahazo antok'asa marobe koa i Ella amin'ny asa fanadiovana ataony. Voangonay ny 90% saran-dalana ny faran'ny volana Oktobra 2017. Saran-dalana sidina anatiny ho ahy sy i Grace sisa no nila notadiavina hatramin'ny voalohan'ny volana Novambra 2017.

Rehefa faran'ny herinandro dia entiko manonta ny sarinay ny ankohonako mba hahatsiarovany ny zava-bitanay hatramin'izay nandaozana an'i Madagasikara tamin'ny 2015 izay. Nitombo koa ny fanirianay hody amin'ny fialan-tsasatra lehibe.

****

Raikitra Indray ny Fanomanana Entana

Vita avokoa ny fikarakarana rehetra. Tahaka ny mahazatra dia nataoko ny taratasy, ny vadiko kosa nikarakara ny lafiny fitaovana.

Efa niha lehibe ny ankizy, ary lavitra ny tany niaviana izahay. Nararaotiko ity dia ity mba hanazarana an'i Ella sy Sandy amin'ny fikarakarana tokony hatao. Nomeko azy ireo ny dika mitovin'ny taratasy rehetra mba hovakivakiany.

Niangaviako koa i Ella hividy ilay fiantohana mandritra ny dia.

Nikarakara ny entana i Ella, nanjary fahazarana izany. izahay koa moa akaikin'ny tsena mora Vinnies rahateo, aty Stuart Park.

Nahatsiaro ireo namana sy fianakaviana any Madagasikara i Ella raha niantsena tao amin'ny Vinnies. Tsy ho an'ny fianakaviany ihany ny entana novidiany fa nisy ho an'ny namana sy sakaiza any Madagasikara koa. Roa taona taty aoriana dia nahavita nanomana kitapo efatra milanja 20 kg avy izy, feno akanjo, kilalao sy kojakojam-behivavy.

Te hisaotra ireo olona rehetra nanampy anay tamin'ny fifindra-monina i Ella tamin'io dia io. Io no fijoroana vavolombelona hanambaranay fa niaraka taminay ary nanampy anay hisedra ireo fahasahiranana rehetra Andriamanitra. Nampitombo ny fahendrenay, sy ny fahataokisan-tenanay ary ny fanetre-tenanay izany.

Nandritra ny volana Novambra dia nanokana andro iray isan-kerinandro i Ella anomanana, andanjana ary anisiana anarana ny valizy. Nanampy azy tsy tapaka teo i Sandy fa i Ella ihany no mpiandraikitra voalohany tamin'izany. Nalaminy avokoa ny zava-drehetra arakaraky ny sokajin-taona sy ny karazana fanomezana (kilalao, firavaka, kiraro, sns.)

Herinandro nialohan'ny fiaingana dia niresaka izahay momba ny fomba fandrindrana ny entana. Nolazaiko azy fa raha io nataony io dia mety ho indray very ny entana mitovy karazana rehetra raha sanatria misy ny fahaverezana. Tsaratsara kokoa raha afangaro avokoa ny entana.

Ndry, nampalahelo i Ella. Tsy maintsy nosokafana sy naverina nampirimina daholo indray ny entana. Saika nanampy azy aho, kanefa fantako tsara fa izy ihany no tena mahay izany.

Feno fankasitrahana an'i Ella aho noho ny zava-bitany, ny andrana nataony ary ny zavatra notanterahiny nandritra izay nitoeranay taty Darwin izay. Nitady fanomezana iray ho azy aho, mba ho tsaroany mandrakizay.

Rehefa misy fotoana hahafahako maneho ny fitiavako dia ranomanitra no matetika atolotro azy, ka toy izay ihany no nokasaiko hatao tamin'ity indray mitoraka ity. Kanefa te hanao zavatra lehibe miavaka aho.

Mpankafy ranomanitra Kenzo aho, ary fantatr'i Ella izany. Na dia tsy nanam-potoana betsaka aza izahay noho ny asa sy ny fety krisimasy any am-piasana, dia niezaka aho nanokana fotoana hiantsenana any Casuarina hitadiavana fanomezana ho an'i Ella.

Noho ny haterin'ny fotoana anefa dia tsy afaka nanolotra izany ho an'i Ella aho.

Notapahiko ny fandaminana entana nataony ary, nentiko tany amin'ny efitra izy ary natolotro azy ilay fanomezana ho fankasitrahana ny nahafoizany tena sy ny fitiavana natolony ahy sy ny ankizy.

Izay, tsotra izay fotsiny.

****

Fambara Pesta

Andro vitsivitsy taorian'ny namandrihana ny tapakilan-tsidina dia nisy namanay avy tany Madagasikara nandefa fampitandremana. Voalaza fa olona roapolo no efa maty tao anatin'ny alina iray noho ny areti-mifindra Pesta entin'ny rivotra.

Telo herinandro taorian'izay dia voalaza fa fitonjato ny olona voan'ny aretina ary dimampolo amby zato no maty. Nanakorotan-tsaina anay mianakavy izany vaovao izany satria mety ho foana ny dia nokasainay.

Fantatray tsara ny tanindrazanay sy ny fahasahirana ao aminy. Ary ireny fahasahiranana ireny no nanazatra anay hiatrika sedra maro. Kanefa tamin'ity areti-mandringana ity dia avo tokoa ny taham-pifindran'ny aretina hany ka mety ho sahirana izahay amin'ny hiverenanay aty Aostralia avy eo.

Niahiahy ny aminay ireo namanay aostraliana. Nisy ny tsy nahateny mihitsy, ny hafa kosa naminavina fomba hiarovana anay sy tsy hahatongavan'ny loza aty amin'ny tany aostraliana.

Monica, namanay iray mpikarakara zokiolona, no niresadresaka taminay hitadiavana ny fomba tsara iarovanay tena. Nolazainy fa raha sendra marary izahay eo amin'ny ladoany dia voatery hatoka-monina raha injay tonga ao Aostralia fandrao mitondra ny tsimok'aretina.

Natoron'i Monica dokotera sy vaksiny ary fanafody mety ilaina iadivana amin'ny aretina izahay. Natoky tena izahay satria samy efa nahavita vaksiny avokoa nialohan'ny nandehanana taty Aostralia. Nanolo-tena izy hitady ny fomba mora indrindra hanaovana izany.

Ny fotoana (sy ny vola) no olana lehibe indrindra taminay. Satria samy hafa ny sekoly andehanan'ny ankizy ary efa nanakaiky ny fanadinana famaranana ny taona. Nila niasa mafy aho mba hanangonana vola hiatrehana ny dia.

Tsy nanam-potoana koa i Ella fa sahirana tamin'ny asany. Nanapa-kevitra izahay ny hanatona dokotera tompon'andraikitry ny valan'aretina Pesta. Taitra izahay nahita fa hay olona fantatray ihany ilay dokotera, vao mainka nihamora ny fifandraisana.

Tamin'ny fihaonana voalohany dia nanolotra taratasy pejy folo ahy ilay dokotera. Tao no nisy ny torohevitra sy torolalana ara-pahasalamana rehetra ilaina mandritra ny dia. Notolorany lisitra vaksiny mety ho ilainay koa izahay ho fanampin'ilay efa natao.

Tamin'ny fihaonana manaraka dia nahazo tsindrona telo avy ny ankizy. Izaho sy Ella kosa nahazo dimy avy.

Notolorany taratasim-panafody fisorohana tazomoka sy valan'aretina izahay. Nidobodoboka mafy ny foko haka ilay taratasim-panafody. Tsy nanomana vola be ho amin'ity resaka ity mantsy aho. AU$980 no fitambaran'ny lany ho anay mianakavy. Navesatra izany kanefa tsy maintsy naloa.

Nanomboka ny fanahiana nony nanontany ny vidin'ireo fanafody teny amin'ny mpivarotra i Ella. Maherin'ny AU$1000 izany ho anay mianakavy. Nanontany ny fianakaviana tany Madagasikara izahay raha nisy tany an-toerana ireo fanafody ireo. Soa fa nisy ary tamin'ny vidiny mirary kokoa.

Nampiasa taratasim-panafody ho an'olon-dehibe iray sy ankizy iray aho aloha hanombohana ny fitsaboana. Ary hotohizanay any Madagasikara izany.

Iny herinandro iny ihany koa anefa dia nahazo mailaka avy tamin'ny hopitalin'ny Darwin aho nilaza fa tanaty lisitry ny olona hodidina ny zanakolahy, ho fitsaboana azy tamin'ny aretina hernia. Sarotra ny safidy.

Rehefa nitady torohevitra maro izahay dia namaly ny hopitaly fa ny 22 Janoary 2018 vao afaka hanao ny fandidiana izy. Niantehitra tamin'ny fiantohana ara-pahasalamana aho mba handray an-tanana ny fitsaboana ny zanako any ivelan'ny Aostralia raha toa ka miharatsy ny aretina mandritra ny dia.

Toa tena sarotra izany rehetra izany, kanefa noho ny zavatra niainako taloha dia nianatra nanaiky ny toe-javatra nisy ary niatrika izany aho. Tsy misy ny tanteraka manko eto amin'ity tany misy antsika ity.

Matetika dia be kokoa ny ahiahiko rehefa milamina ny loatra fiainako oharina amin'ny rehefa miatrika sedra maf hahatratrarana tanjona. Ny fahasahiranana manko no mitondra tsirom-pandresena.

Hafa kosa ny fijerin'i Ella, somary miompana amin'ny ara-panahy kokoa ny azy. Mino izy fa raha miatrika sedra iray izahay dia efa misy zavatra tsara miandry anay ao ambadika ao.

Nofaranana tamin'ny fety izany resaka fahasalamana izany. Fety iray natao tao amin'i Monica mba handraisana an'i Nenitoa Lila izay avy niala sasatra tany Frantsa ary hanaovana veloma an'i Dadatoa Bob (iray hafa), izay nahavita fitsaboana ka handeha ho any Bali sy Grisy.

Teo ihany koa no nanararaotana nanaovana veloma anay mianakavy handeha ho any Madagasikara hanao krismasy rehefa niaina roa taona teto Aostralia. Roa taona nifandimbiasan'ny olana sy ny fandresena isan-karazany.

****

Vonona Hanainga amin'izay

Kely sisa dia ho tonga ilay andro lehibe hahatanterahan'ny nofinay, hahitanay ireo havana amantsakaiza rehetra. Io no fotoana hialanay sy i Ella sasatra rehefa nahavita roa taona tantely amam-bahona taty Aostralia; hitantaranay ny lalana nitondran'Andriamanitra anay tamin'ny finoana.

Io koa no fotoana hiainan'ny zanakay farany mianadahy izany fankalazana Krismasy ao am-piangonana izany, miaraka amin'ny fianakaviambe; ravahan'ireo jiro maro manaingo ny tanàna. Eny, ho afaka hihira hira noely amin'ny feo manredona ihany izahay farany.

Mba nanantena koa aho hoe hiverina hizatra ny tenindrazany indray ireto zaza ireto, hianatra izany atao hoe fanajana ny zokiolona sy raiamandreny izany ary haneho fitiavana sy fiantrana amin'ny hafa.

Samy nifarimbona ny rehetra tamin'ny fandanjàna sy fanasiana anarana ny entana. Adiny enina no namenoana ireo valizy lehibe dimy sy kitapo vimbinina enina. Tsy atonona tanaty entana moa ny sarim-pianakaviana ka nila novimbinina. Nentinna koa ny posetin'i Lolo. Notendreko ho mpitarika ny dia teo ambanin'ny fanaraha-masoko hatrany i Sandy.

Niangaviako izy hamintina ny lalana rehetra amina pejy iray mba hanamorana ny fijerevana izany eny andalana. Izany koa no fomba nanazarana azy hikirakira ny taratasy rehetra mandritra ny dia raha injay tojo olana izahay ray aman-dreny. Nozariko koa izy hamaky ireo soratra tamin'ny tapakila mba hizarany hatrany miteny anglisy na dia mandritra ny fialan-tsasatra aza.

Indrisy anefa fa tsy mba noraisiny ho toy ny fianarana izany. Zioga no fijeriny azy. Nataony ihany anefa ilay izy, ary tena vitany tsara mihitsy ny namintina ny dia tanaty taratasy iray.

Naverinay sy i Ella nohamarinina ny taratasinay rehetra: visa, pasipaoro, sy ny momba ny antoka ara-pahasalamana hahafahanay miverina aty indray. Nisy taratasy sasan-tsasany koa nentinay ihany fandrao ilaina any Madagasikara, indrindra raha hanao fifanakalozana ara-bola.

Amin'ny folo ora alina izao, efa vonona avokoa ny zava-drehetra. Samy nanisy fanairana avokoa ny rehetra hifohazana ny ampitso. Efa voafandrika ny fiara karetsaka hitondra anay ny ampitso amin'ny 2:45 maraina. Navela nirehitra ny jiro tao amin'ny efitra fandraisam-bahiny mba tsy haharenoka anay. Zara raha nahita tory aho iny alina iny.

Dimy ambin'ny folo minitra alohan'ny hanenoan'ny fanairana dia taitra aho noho ny taratry ny volana baliaka. Nofohaziko ny rehetra ka tanatin'ny telopolo minitra monja dia vonona avokoa izahay hanainga. Nitondra am-bavaka ny fianakaviana aho ary indro fa niainga izahay.

Vetivety ihany dia tonga ilay fiara karetsaka. Lehibe tokoa ity farany. Tsapako ery ny entanentam-po sy ny hafalian'ny tsirairay.

Tonga teny amin'ny seranana i Sierra, ilay namanay, ary nanampy anay tamin'ny fisoratana anarana izy. Gaga izahay nony handeha hilahatra nahita ireto olona marobe efa teo, satria nanantena ny ho isan'ny voalohan-daharana izahay.

Notakian'ilay mpiandraikitra ny fanoratana anarana ny pasipaoronay. Minitra vitsivitsy taty aoriana dia nangatahiny koa ny visa. Natolotro azy izany.

Tena natoky tena tsara aho teo. Nangataka ny visa hidirana any Thailand indray izy. Taitra aho sady nanomboka nitaintaina. Tsy ananako izany taratasy izany.

Nikasa ny hifindra fiaramanidina fotsiny mantsy izahay ao Bangkok. Araka ny hitako tao amin'ny aterineto dia tsy mila visa ny mankany Bangkok raha toa ka mijanona ao amin'ny toby seranana ihany. Hanao fangatahana visa ihany izahay raha toa ka ilaina.

Azo atao koa mantsy ny mangataka visa amin'ny aterineto rehefa any Singapour. Roa andro fiasana fotsiny no faharetan'izany. Nambaran'ilay mpiasan'ny seranana fa afaka midina ao Singapour izahay fa mila manainga kosa avy eo rehefa vita ny visa. Raha tsy izany dia aleo mijanona dieny izao. Nisitaka kely dimy minitra izahay mba hisainana sy hifampidinika ny hatao, avy eo nanapa-kevitra ny hiroso indray.

Maro ireo sedra nolalovanay sy i Ella tamin'ny fiainana. Ary ny finoana sy ny vavaka no nahafahanay nivoaka tamin'ireny toe-javatra rehetra ireny. Samy natoky izahay roa fa hahita vahaolana rehefa any Singapour. Ahoana moa no fomba ilazako ny ankohonako hoe ahemotra indray ny dia satria tsy manana visa izahay? Efa be loatra ny fanantenanay hany ka tsy maintsy niroso ihany aho.

Ny tena niavian'ny olana dia ilay tapakila nozarazaraina mba hampihenana ny sarany. Tsy nitambatra ho tapakila iray mantsy ireo sidina tokony hataona, hany ka i Bangkok no toerana iatsonana farany raha araka ilay tapakila voalohany. Noho izany dia nila nalaina avokoa ny entanay isaky ny midina amin'ny toerana iray, indrindra fa hoe hiova tambazotram-piaramanidina.

Na dia izany aza dia tena nanantenana aho fa hahazo ilay visa any Singapour ihany. Nihevitra aho hoe mila ahemotra efatra andro fotsiny ilay andro hisidinana mankany Bangkok.

Tao anatin'ilay fiaramanidina mankany Singapour dia tsy nahavita nibanjina ny rahona sy ny hatsaràn'ny zavaboaary mihitsy aho. Ny ankizy kosa natory tsara satria nifoha maraina mangiran-dratsy anio. Nitsiriritra azy ireo aho, satria tsy manana ahiahy sy tebiteby izy ireo. Ny hany anjarany dia ny matoky ny rainy. Niezaka ny hitony ihany aho hitady ireo vahaolana rehetra azo vinavinaina. Raha mba nisy aterineto manko tato anaty fiaramanidina dia mba efa afaka nijery sahady izay azo atao aho.

Nisara-toerana tamin'i Ella sy ny ankizy hafa aho sy i Grace. Tsy dia lavitra anefa izahay, fa mbola afaka nifanopimaso ihany.

Nanatitra an'i Grace tany amin'ny toeram-pivoahana aho ka nanararaotra nankeo amin'i Ella niresadresaka sy nifankahery. Hitako ny tebitebin-tsainy, kanefa tsapako ihany koa ny fahatokisany ahy hamaha izany olana izany.

Nino ihany koa izahay fa ny hany tokony hataonay dia ny matoky ilay Andriamanitra Ray, tahaka ny itokisan'ireo zanakay anay.

Raha iny hidina ao Singapour iny ilay fiaramanidina dia zendana aho nahita ny hatsaràn'ny tanàna. Ny endriny sy ny fivoarana misy ao aminy. Notairiko i Grace hijery izao zava-mahasondriana lehibe izao. Tonga tao amin'ny seranan'i Changi izahay tamin'ny 9 ora maraina. Rehefa vita ny taratasy ivoahana rehetra dia nankany amin'ny sampana fanampiana ny mpanjifa izahay mba hiresaka momba ny olanay.

Ramatoa tsara tarehy sady tso-panahy izay no nandray anay tao. Nambarany fa tsy tokony ho maika loatra izahay haka ny entanay fa tokony hifantoka amin'ny fomba hamahana olana. Ny mety hoy izy dia ny manova ny toerana izoranay ao anaty tapakila mba tsy hananana olana amin'ny biraon'ny fifindra-monina.

Manana fifandraisana amin'ireo tambajotra hafa ny Ethiopian Airlines hahafahana mandefa mivantana ireo mpandeha sy ny entany any amin'ny sidina hafa, tsy mihatra any Bangkok anefa izany. Lava dia lava ny antso nataony mba hamindràna ny zotranay avy ao Singapour mankany Addis Abeba ary avy any no mihazo an'Antananarivo.

Naka toerana teo amin'ny sisitsisiny teo izahay sady nanararaotra namahana ny fitaovana elektronika rehetra sy nanome sakafo ny ankizy, sakafo izay novidin'i Ella teo amin'ny manodidina teo ihany.

Rehefa niandry adiny iray tao amin'ny toerampiandrasan'ny fiatsonana fahatelo T3 izahay, dia niantso ilay ramatoa ary nampahafantatra anay fa tsy nety novaina ilay zotra satria tsy nisy toerana nalalaka intsony.

Ny vahaolana narosony dia ny hiresaka amina tambazotra roa hafa manana izany fiaraha-miasa izany, ny Singapour Airlines sy ny Thai Airways. Nekenay avy hatrany izany soso-kevitra izany.

Nandeha niakatra nankany amin'ny sampana fifindra-monina izahay mba hanamarina ny fidiranay ao Singapour.

Avy eo dia nankany amin'ny toerana hakàna ny entana izahay. Efa mby hovoasokajy ho entana very ny entanay. Azonay ihany anefa izany. Nisaina izy rehetra, nalaina ny posetin'i Lolo ary nivoaka ny toeram-piantsonana T1 izahay.

Gaga aho nahita ny haingo nampirantiana tao. Toa varahana kely miendrika ranon'orana afaka mihetsiketsika ka mahavita endrika maro samihafa. Tena nampitolagaga. Miova tsy toy ny zava-manan'aina izany ilay seranam-piaramanidina.

TAPANY FAHADIMY
NY VESATRY NY LASA
Tsarovy ny maha ianao anao

TOKO 14
HAZAKAZAKA TAO CHANGI

Samy nomena asa iray avy ny tsirairay mba hahafahanay mianakavy miaina tsara sady nitsitsy vola. Noho izany dia tao amin'ny seranana tao Changi izahay no natory nandritra ny efatra andro.

I Sandy no niandraikitra ny fanaraha-maso ny ankizy sy ny fanavaozana ny Wi-Fi isaky ny adiny telo ary ny famahanana ny fitaovana elektronika rehetra.

I Grace no nisahana ny fatsakana rano eny amin'izay nety hahazoana izany mba hahafahan'ny rehetra nisotro rano lalandava. Ny anjaran'i Sissi kosa dia ny naka vatomamy eny amin'ny birao fakàna torohevitra ary nizara izany tamin'ny rehetra.

I Lolo kosa no nisahana ny fakonay. Izy koa no nampatsiahy ny rehetra ny fotoana tokony isakafoanana isaky ny nahatsiaro noana izy; sy ny fotoana atorizana isaky ny niantso ny reniny hampatory azy izy.

I Ella kosa no nampifandray anay tamin'ny tontolo any ivelany. Izy no nisahana ny fifandraisana rehetra tamin'ny alalan'ny messenger, antso an-tariby ary ny Skype ka nahafahan'ny tapaka sy namana tany Darwin sy tany Madagasikara nanaraka akaiky ny vaovaonay mianakavy taty. Izany no fomba nahazoanay torohevitra tamin'ny fanapahan-kevitra sasatsasany.

Raha ny tena marina dia tranga nahafahanay mianakavy naira-nientana tamin'ny ny namana ary ny fianakavianbe izao zavatra miseho izao.

Nirahiko i Sandy hangorona ny entana mandrapitadinay sy i Ella toerana afaka ametrahana azy. Nahita toerana fitahirizana entana tokoa izahay. Tsy maintsy navoaka avokoa ireo solosaina tanaty kitapo rehetra ka nentina nanaraka anay. Dimy amby efapolo minitra teo ny faharetan'ny fampirimana sy fisavana ireo entana rehetra. SGD40 ny sarany mandritra ny tapak'andro.

Nialohan'ny ivoahanay ny seranana dia nila naka sary tapaka izahay tsirairay avy. Soa ihany fa nisy fangalana sary nanodidina teo.

Toy ny nahazatra dia izaho mandrakariva no nanandrana azy voalohany nialohan'ny nifandimbiasan'ny hafa rehetra. SGD45 no saran'izany. Rehefa azo ny sary dia nitady fiara karetsaka amin;izay izahay hankanesana any amin'ny masoivoho. Soa ihany fa nisy fiara iray niandry teo akaiky teo. Niakatra izahay rehetra niaraka tamin'ny posetin'i Lolo.

Tsara fanahy ery ilay mpamily. Nasehony anay teny an-dalana ny hatsaràn'i Singapour, ny toerana mendrika hozahàna, ny trano mora sy ny maro hafa. Somary nitohana ny lalana kanefa tonga tany amin'ny masoivoho talohan'ny 10:30 maraina ihany izahay.

Niresaka tamin'ilay mpiasa nandray anay izahay ary nangataka taminy ny taratasy hofenoina. Tsy hitanay tao amin'ny tranokala manko izany. Navaliny anay hoe tsy ilaina ilay taratasy fa tsy maintsy amin'ny alalan'ny aterineto ihany no anaovana ny fangatahana. Nazavaiko taminy fa efa nanana kaonty aho nefa mbola tsy afaka nanao izany ihany. Nasehoko azy teo amin'ny findaiko izany. Navaliny ahy fa tsy maintsy amin'ny solosaina ihany no anaovana izany fa tsy mety ny finday.

Nolazainy fa afaka manantona masoivoho fizahantany izahay. Tsy hitako anefa ny toerana misy an'izany. Nangatahiny tamiko ny pasipaoronay ary niditra tany anatiny izy. Minitra vitsy taty aoriana dia niverina izy sady nilaza fa tsy anatin'ny lisitry ny firenena afaka mangataka visa avy eto ny fireneko.

Taitra aho, sosotra, sady kivy. Nanontany ahy i Lolo hoe: "Misy inona Papa? Hahazo ilay visa ve isika?". Hoy aho namaly azy mora hoe: "Mbola mikarakara i Papa".

Teo no eo aho dia niantso ilay masoivohon-tsidina ChepOair aho mba hanontany raha mbola azo averina ilay vola naloako mialoha ho famandrihan-toerana satria niova ny dianay. Olona hafa anefa no nandray ahy, ka nolazainy tamiko fa mbola tsy voaloako ny ambim-bola fanitsiana ny dia mitentina USD$670.

Nanontaniako azy ny amin'izay mety hitranga raha toa ka tsy voaloako ilay vola ambiny. Nolazainy fa tsy hahazo tapakila aho ary hahazo sazy noho ny tsy fahatongavana ny 4 Desambra 2017. Hofoana koa arak'izany ilay fanitsiana sy fandoavam-bola nataoko teo aloha.

Rariny izany hoy aho. Nisento lalina aho raha nandre izany vaovao izany. Amin'ny ankapobeny dia fito andro eo ho eo ny fe-potoana hiverenan'izay vola izay ao amin'ny kaontiko (arak'izay efa nataoko teo aloha tao amin'ny CheapOair, na dia tsy nanoratra taratasy fitarainana aza aho).

Naka fiara karetsaka indray izahay. SGD65 sarany raha toa ka fiara lehibe no alaina. Fiara kely roa no nalainay. SGD50 no fitambaran'ny naloanay tamin'izay. Andro iray sy vola SGD115 no lany tsy amim-bokatra.

Fanavotana ny dia

Resy lahatra izahay teo fa tsy ho tonga any Bangkok mihitsy androany alina, satria tsy tratra antso ny Ethiopian Airlines hatramin'ny sasak'alina. Tsy misokatra manko izy ireo raha tsy efa misy sidina mandeha. Ny sidina Singapour Airlines anefa efa feno daholo mandritra ny roa andro ho avy. Ka na dia hahazo toerana ara izahay dia tsy ho ampy ny vola ho anay mianakavy.

Tamoka teo; nahita hevitra aho. Ovaina ny datin'ny sidina miala Bangkok mandeha Antananarivo. Nitaingina ireny fiaran-dalamby mihantona ireny izahay. Sambany teo amin'ny fiainana izany, ary namonjy ny toeram-piantsonana T2 izay misy ny Singapour Airlines sy ny Ethiopian Airlines izahay sy Ella. Niantso ny CheapOair aho mba hanontany izay sidina mora vidy sy malalaka azo handehanana ato anatin'ny dimy andro.

Afaka nampiasa Wi-Fi maimaim-poana koa aho teo amin'ny seranana ka Skype no niantsoako azy ireo. Adiny iray sy sasany no lany nanaovana ny fandaminana vaovao hoan'ny sidina. US$1,600 (AU$2,500) no nasaina naloanay. Nolazaiko ilay olona fa tsy manana izany vola izany izahay amin'izao fotoana izao.

Farafaharatsiny hoy izy ny US$1,000 aloa mba hanatanterahan ny fanovana. Nisalasala i Ella, kanefa mba tsy hisian'ny ady hevitra elabe dia nanaiky ihany izy handoa ilay vola.

Vaovao ho azy ny toe-javatra misy, ka nihevitra izy hoe aleo manaiky mba hahafahana mandroso. Mahazatra ahy sy i Ella ny mitahiry ny volanay ao amin'ny kaonty tahiry ary mamindra izany amin'ny kaonty manokana rehefa mila ampiasaina ny vola. Amin'izay tsy very ny vola raha sanatria very ny karatra bankinay.

Arak'izany dia nila namindra vola AU$1,600 avy tao amin'ny kaonty tahiry mankany amin'ny kaonty fampiasa i Ella. In-telo izy nanandrana izany fa tsy nety mihitsy. Mety efa famantarana angamba izany fa tsy tsara ny fanapaha-kevitra noraisinay hoy izy. Nisisika ihany anefa aho ka lasa ihany ilay vola ary afaka nanefa ilay masoivohontsidina izahay.

Iny vola iny no nampiasainay, nandoavana ilay AU$1,000 hahazoana ilay tapakila vaovao mialohan'ny datin'ny sidina izay 09 Desambra 2017.

Efatra andro no nananako hamahana ny olan'ilay visa sy handoavana ny saram-panovana ny sidina. Raha ny tena marina anefa dia zara raha ampy hamahanana ny ankizy sy hiantohana ny saran-dalana miverina mankany Darwin ny sisam-bola taty amiko. Niantso an'i Mary aho, ilay namanay any NSW izay efa antsoin'ny ankizy hoe nenibe rahateo.

Tena nitaintaina mafy izy nahare ny nanjò anay. Tsy nampoiziny ny itrangan'izany zava-drehetra izany taminay. Nanahy mafy ny amin'ny ankizy, ny saran-dalana, sy ny mety ho tebitebinay izy. Ny hany fantatra dia ny hoe tsy mila visa mankany Bangkok raha toa ka mijanona ao amin'ny seranam-piaramanidina. Ny olana anefa dia tsy manan-kery amin'ny teratany Malagasy izany.

Nitalaho taminy aho ny mba hampindramany vola kely anay. Nanaiky avy hatrany izy, indrindra fa hoe hividy tapakila fanampiny ao amin'ny Singapour Airlines mba hamahana ny olana mikasika ny visa. Nanontany tombam-bidy izy mba handefasany ny vola ny alin'iny ihany.

Nanampy be anay izany. Naka toerana nipetraka izahay ary nivavaka. Nisaotra ny Tompo sy nanakina tamin'Andriamanitra ny rafi-pandaminana rehetra. Nanahirana fa nifanelanelana be ny toeram-piantsonana tao amin'ny seranana Changi. Nitady toerana nilamina hamelana ny ankizy sy ny entana eo ambanin'ny fanaraha-mason'i Sandy izahay mba hangalan'izy ireo aina sy hahafahanay mivady mivezivezy moramora kokoa.

Nahita toerana kely azo ipetrahana izahay: mora amahanana finday, tsy lavitry ny fangalana torohevitra sy ny toeram-pivoahana ary ny fatsakana rano. Teo amin'ny toeram-piantsonana T1 ihany izany. Tsy be rivotra ilay toerana, ary raha mitsotra eo amin'ny tany ianao dia manatrika ilay haingo-trano miendrika ranon'orana mahasondriana tokoa.

Heveriko fa eo angamba no toerana tsara indrindra ato amin'ny seranana hatorianay mianakavy mandritra ny efatra andro mandra-pandeha any Bangkok. Ny dingana manaraka izao dia ny hiresaka amin'ilay mpiandraikitra ao amin'ny Jetstar momba ny hahazoana toerana amin'ny sidina manaraka mankany Bangkok.

Nasiaka ilay ramatoa niresaka taminay voalohany. Nambarany fa tsy azo ampiasaina intsony ilay tapakilanay ary tsy amerenam-bola. Nalefany tany amin'ny mpiandraikitra ny olona tara sidina izahay.

Tsotra kokoa ilay olona sendra anay tao. Nohazavainy ny momba ny fampiasana ilay tapakila. Mbola azo ampiasaina ihany ny tapakilanay anatin'ny fito andro manaraka ny daty voatondro ao fa mila mandoa AU$99 isan'olona. Afaka mandeha amin'ny sidina misy eo mialohan'ny 9 Desambra 2017 izahay. Tsara ery izany vaovao izany.

Nila nojerena indray koa sao toerana malalaka tao amin'ny Thai Airways, izay manana fiaraha-miasa tamin'ny Ethiopian Airlines koa. Natorony anay koa ny misy io Thai Airways io ato amin'ny seranana, any amin'ny toeram-piantsonana T3. Dia tongotra lava dia lava no natao vao tonga tany. Nila naka ilay fiaran-dalamby mihantona indray koa aza izahay.

Hitanay ihany ilay toerana nony farany. Nambaran'ilay mpiandraikitra teo fa ireo tapakila vonjimaika ihany no karakarainy eo isak'alina. Tsy izay anefa no anton-dianay. Tena mahalana ny olona no mahita toerana enina anatin'ny alina iray. Nambarany fa tsy mandray famandrihan-toerana ao amin'ny seranana izy ireo fa mila miantso ny masoivoho fizahan-tany Esky any amin'ny rihana faharoan'ny toeram-piantsonana T3.

Efa tamin'ny 5 ora hariva ny andro, nanomboka reraka sy noana izahay. Tamin'ny 9 ora maraina mantsy no nisakafo farany, ary nandeha tongotra foana nandritra ny adiny valo. Hitanay ihany ilay biraon'ny Esky, saingy indrisy fa tsy afaka mamaha ny olana mikasika ilay visa izy ireo ary ao amin'ny sokajy voalohany sisa no hany misy toerana malalaka, SGD1,200 isan'olona no saran'izany. Lafo loatra.

Diso fanantenana tanteraka izahay sy i Ella, samy tsy nisy nahateny intsony tamin'ny lalana niverina. Nanontany vaovao anay ny ankizy nony injay nahita anay. Latsa-tomany i Grace, efa betsaka mantsy ny fikasana hihaona amin'ireo namany any Madagasikara. Latsa-dranomaso koa i Ella no sady nilaza tamin'izy ireo fa mbola mitady vahaolana i Papa sy i Mama.

Nosokafako ilay iPad ary nojerevako tao amin'ny Google ny fomba hahazoana visa mankany Thailand tamin'ny alalan'ny aterineto. Toy izao ny torolalana hitako tao:

"Azon'ireo mpivahiny atao ny maka sidina miala ao Thailand mankany amin'ny toerana hafa na dia tsy misy visa ara raha toa ka avy ao amin'ny seranana iray ihany izany. Arak'izany dia afaka manome baiko ireo mpiandraikitra ao amin'ny tambazotram-piaramanidina sy ny ao amin'ny seranana ny Thai Airlines mba hanara-maso ireo mpandeha ireo tsy hiala ny faritra azony ivezivezena. Mety ho voatery hijanona ao amin'ny faritra voafetra ireo mpandeha ireo mandritra ny fotoana maharitra. Ny tambazotran-tsidina na ny mpiandraikitra ao amin'ny seranana no miantoka izany ary ahazoana alalana avy amin'ny Sampana fifindra-monina izany."

Ny masoivoho Thai tao Singapour no tena nahasarika ahy. Nosokafako ilay rohy mikasika ny visa ho an'ny mpandeha fa tsy nisokatra. Nanoratra mailaka tamin'ilay masoivoho aho ampahafantarana azy fa tsy misokatra ilay rohy sady nohazavaiko azy ny olako. Novakiako tsara ilay pejy. Teo no voamariko fa roa andro fiasana no faharetan'ny fikarakarana ny visa.

Mbola teo am-pamakiana ilay tranokala aho no niteny tamiko i Ella hoe tena reraka izy ary mila mitsotra kely. Mazàna aho no manotra azy kely rehefa harivariva. Nasaiko nitsotra izy ary nanomboka nopotsipotseriko ny tongony sy ny fela-tongony. Tsy ampy azy anefa izany. Nambarany fa mila mitsotra amin'ny tany mihitsy izy.

Novelarinay ilay bodofotsy dia nitsotra tambon'iny izy. Notohizako ihany ny otra. Nanomboka tsy nahatsiaro tena i Ella. Nangatahiko i Sandy hanampy ahy hanotra ny fela-tanany, i Grace kosa nikopakopaka hanome rivotra azy.

Ny anjaran'i Sissi dia nikarakara ny zandriny lahy, i Lolo. Tena nahagaga fa nankatò teny sy nipetraka tsara ireto ankizy, na dia zatra nikotaba aza. Nanomboka nihorohoro aho sady niresaka tamin'i Ella "Malala, aza mandao ahy fa tsy ho vitako irery izao rehetra izao!"

Vetivety teo dia vory nanodidina anay ny olona. Nisy lehilahy tsara fanahy, antsoina hoe Eric, mpamonjy voina efa niandry sidina teo. Izy no nanampy anay. Nisy mpanadio seranana iray nanatona ka nanolotra menaka fanorana ho ahy ary nanampy anay koa. Nisy mpiasan'ny seranana vitsivitsy nanatona anay ary nanao ny fihetsika vonjy voina rehetra.

I Jon, ilay mpitarika azy ireo, no nanontany ahy raha mpahazo azy matetika izao. Tsia, hoy aho. Nohazavaiko azy ny nanjò anay, ny dianay ary ireo sedra rehetra niandry anay. Niantra anay ilay olona ka niezaka nanampy anay arak'izay tratrany.

Nitondra zava-pisotro mampahery, rano fisotro amin'ny tavoahangy, sakafo ho an'ny ankizy ary bodofotsy hoanay tsirairay avy ireo mpiasa tao Changi. Tsy mba fanaon'izy ireo izao kanefa tena nampalahelo azy ireo ny ankizy.

Nampisotroiko rano i Ella ary notolorako zava-pisotro mampahery. Vetivety teo dia taitra izy. Isaorana Andriamanitra. Nangataka alalana tamiko ny mpiasa tao Changi ny hitondra an'i Ella any amin'ny hopitaly. Nolaviko anefa izany satria tsy ho takatro ny saran'ny fitsaboana.

Nisy fiantohana ny dia, kanefa tsy afaka nanao na inona na inona raha tsy nahazo fankatoavana avy tamin'izy ireo. Nantsoiko tamin'ny Skype ny trano fiantohana. Ela vao tafiditra tao amin'ny fandraisana. Avy eo nambara tamiko fa fahafolo ao amin'ny filaharana ny antsoko. Tsy afaka niandry aho satria mila vonjy ny vadiko.

Nisisika ihany ny mpiandraikitra tao amin'ny Changi fa adidin'izy ireo ny mitondra anay any amin'ny toeram-pitsaboana, raha tsy izany dia tsy hahazo alalana hiditra fiaramanidina intsony izahay.

Nahazo fankatoavana handoa ny lany rehetra amin'ity vonjy taitra ity ny seranam-piaramanidina raha nahita ny nanjò anay. Nanaiky aho ka nentina tany amin'ny toeram-pitsaboana tao amin'ny seranana, tao amin'ny toeram-piantsonana 3, i Ella. Tsy ampy hizara ny isan'olona nofehezin'i Jon hiambina ny ankizy sy hanaraka an'i Ella, ka tsy maintsy niaraka nandeha izahay mianakavy.

Mpiandraikitra dimy no nanaraka anay – lehilahy roa ary ramatoa telo. Vetivety dia niraiki-po tamin'ilay ramatoa nanosika ny posetiny sy nanome sakafo azy i Lolo.
I Sissi sy Grace kosa nivimbina ny entakeliny sady namihina ny tanan'ilay ramatoa nitantana azy ireo, izay efa nahazoazo taona. Olona roa no nanosika ny entanay sy ny seza misy kodiarana nitondrana an'i Ella. Izaho kosa mandeha tongotra mibaby ny kitapoko izay tena navesatra tokoa noho ny solosaina sady mivimbina ny poketran'i Ella. I Sandy no nivimbina ny ambin'entana.

Tena nahatsiaro maivana tokoa izahay, toy ny nanana fianakaviana taty an-tany lavitra.

Nony tonga tany amin'ny toeram-pitsaboana dia nampandrian'izy ireo i Ella. Ny ankizy kosa nahazo seza tsara ka tafatory avy hatrany. Nangatahin'izy ireo tamiko ny pasipaoro sy ny tapakilan'i Ella.

Lava ny fiandrasana. Nahazo tapakila filaharana aho ahafahako miditra ny efitra misy an'i Ella sy mikarakara azy.

Ny mpiasa no nijerijery ny ankizy mandritra izany. Adiny telo no nijerevan'ilay dokotera ny mombamomba an'i Ella. Nambarany fa mila mankany amin'ny hopitaly i Ella hijery rà fa tsy afaka manao izany ny ao amin'ny seranana.

Nitaintaina mafy aho satria mety ho lafo be ny saran'izany ary tsy ho tanteraka ny dianay mianakavy.

Tsy nanaiky aho tamin'ny voalohany, ka nangataka azy ireo hifampidinika kely amin'i Ella momba izany. Tsy nanaiky koa i Ella. Nolazaiko an'i Jon ny fanapaha-kevitray ka izy no nampita izany tamin'ny tompon'andraikitry ny toeram-pitsaboana. Ity farany no nanatona ahy indray niaraka tamin'ny taratasy nanamarina ny fanapaha-kevitro izay tokony hosoniaviko. Toa sorena ny endriny.

Natolotro an'i Ella ilay taratasy ary nolazaiko azy fa raha lavinay ity dia tsy misy intsony fomba hahazoanay fanampiana raha toa ka tojo olana tahaka izao indray izahay any aoriana any. Mety tsy afaka hiditra ny fiaramanidina intsony koa araka ny voasoratra ato. Fa indrindra indrindra, tsy afaka hangataka na inona na inona amin'ny trano fiantohana raha sanatria misy volabe tsy maintsy haloa.

Tonga saina tamin'ny mety ho fiantraikany any aoriana i Ella ka nanaiky ny hiditra hopitaly ihany. Naveriko nohazavaina tamin'i Jon ny toe-bolanay ary nanome toky izy fa ny seranana Changi no hiantoka ny lany rehetra.

Nankany amin'ny hopitaly tao Changi indray izahay rehetra. Nibitsibitsika tamiko ilay mpiasa iray tao amin'ny toeram-pitsaboana hoe "Ho lafo be ny saran'izao!", kanefa tsy maintsy niroso aho. Natolotr'i Jon ahy ny laharana findain'ny masoivoho malagasy ao Singapour, sady nitsikitsiky izy.

Mialohan'ny nialanay ny toeram-pitsaboana dia nangataka ny hevitr'i Jon aho momba ny mety ahazoanay visa. Hoy ny valin-teniny: "miankina amin'ny zotom-pon'ny masoivoho malagasy no mety ahazoanareo izany!"

Nanontany ny heviny aho raha mety ho tonga any Madagasikara ihany izahay na tsia taorian'izao olana marobe mianjady aminay izao. Navaliny fa miankina amin'ny tanjonay avokoa izany. Hoy izy: "raha ny ho tonga any Madagasikara no tanjonareo di izay atao".

Tsy haiko ny tsy hisaotra an'i Jon noho ny zava-drehetra nataony ho anay hatreto. Mino aho fa faly ny seranam-piaramanidina ao Changi manana mpiasa feno fanoloran-tena sy be fitiavana ary mpitarika tia mikaroka vahaolana toy ireto. Betsaka ny zava-tsoa azo tamin'iny sedra iny, tsy natory tamin'ny tany intsony ny vadiko fa mba nahazo fandriana tsara itsorana, ny ankizy koa nahazo seza tsara tarehy nipetrahana nandritra ny adiny efatra.

Izaho moa tsy dia mahita tory izay, ka azoko lazaina fa tsy nisy fiovana betsaka ny momba ahy – ankoatry ny olana ara-bola, satria tsy voarakitra an-tsoratra ny fampanantenana nataon'i Jon. Napetrako teo am-pelatanan'Andriamanitra ny zava-drehetra, ary niroso hatrany aho. Nanolotra fiara vonjy taitra ny seranana nitondrana anay mianakavy sy ny entanay, raha fiara hafa kosa no nitondra an'i Ella.

Nampidinina daholo ny entana nony tonga tany amin'ny hopitaly izahay. Gaga izahay nahita seza valo nalalaka teo ivelan'ny hopitaly. Naka toerana izahay mba hahafahan'ireo ankizy matory. Soa ihany fa tsy nisy orana tamin'iny alina iny. Ranomaso no nilatsaka teo amin'ny tavako. Nafeniko ny ankizy anefa izany.

Raha iny natory iny ny rehetra, dia niditra tao anatiny aho hisoratra anarana ho toy ny mpikarakara an'i Ella vadiko. Hitako avy lavitra izy natory tamin'ilay seza misy kodiarana fitondrana azy. Efa azo ny ràny ary efa natao fitiliana tany amin'ny toby. Afaka adiny telo dia niantso anay ilay dokotera hanambara ny voka-pitiliana.

Tamin'ny 4 ora maraina, ny 5 Desambra 2017, no natolotra ahy ny faktioran'ny fitsaboana tao amin'ny hopitaly. Nohazavaiko fa ny seranam-piaramanidina tao Changi no efa nanaiky handoa ny sarany rehetra. Nambaran'ilay ramatoa mpiandraikitra tao amin'ny hopitaly fa tsy nahalala na inona na inona momba izany izy, ary tokony nisy taratasy nanambara izany hoy izy. Niantso ny seranana aho, saingy indrisy fa efa tapitra ny ora niasan'i Jon.

Nolazaiko azy fa tsy nanam-bola intsony aho hamahanana ny fianakaviako raha aloako dieny izao ny saran'ny fitsaboana. Nambarany fa afaka omeko azy ireo ny adiresiko handefasany ny faktiora ao aoriana. Nomeko azy izany. Hay tsy nanova na inona na inona akory izany satria nalain'izy ireo tao amin'ny kaontiko ihany ilay vola afaka ora vitsy.

Vita iny, mila miverina amin'ny olana fototra indray izany izao, dia tsy inona fa ny fikarakarana ny visa. Nivoaka nitady taxi aho kanefa tsy nahita fiara lehibe afaka hitondra anay mianakavy. Niantso ny laharana fangalana taxi aho, ka nampidirin'izy ireo tao amin'ny filaharana. Faha roapolo no laharako. Niandry aho, kanefa toa ela loatra. Hitako efa tsindrin-daona rahateo ilay mpiasan'ny hopitaly ny amin'ny tokony hialanay.

Notapahiko ilay antso. Nanandrana nitady fiara roa kely teo amin'ny manodidina teo aho hitondra anay any amin'ny seranana. Lehilahy iray efa bebe taona no niresaka tamiko voalohany. Tsotra izy. Notantaraiko azy ny dianay manontolo ary nohazavainy tamiko ny rafitry ny fifamoivoizan'ny fiara karetsaka eto Singapour. Tsy maintsy naloako vola ravina ny saram-pitaterana fa tsy afaka naloa tamin'ny karatra intsony. Niresaka tamin'ny namany iray teo izy ary nanaiky nitondra anay hiverina any amin'ny seranana.

Teny an-dalana dia nolazain'i Ella azy fa mila mitady toerana hiantranoana izahay. Nanaiky nandray anay izy raha nahita ny fahorianay. Nony tonga tany amin'ny seranana dia tsy nanaiky nandray vola izy noho ny fiantrany anay. Norariany soa fotsiny izahay nony nampidina ny entana. Nisaorako era-po tokoa izy ary nifanao veloma izahay. Indrisy fa adinoko ny naka ny mombamomba azy. Tsy nilaza tamiko momba ilay fiantranoana i Ella raha tsy tonga tao amin'ny seranana izahay. Na dia izany aza dia tena gaga izahay nahita ny hatsaram-pon'ny olona taty Singapour na dia efa moderna sy mihazakazaka be aza ny fiainana aty. Ny Tompo anie hanambina an'iny mpamily iny.

Efa taminy 9 ora latsaka dimy ny andro, mila mankany amin'ny masoivoho Thai indray izahay. Navelanay tao amin'ny amin'ny seranana i Sandy sy ny ankizy. Najanonay tamin'izy ireo ny ambin-tsakafo omaly. Izaho sy Ella kosa naka taxi nankany an-tanàna. Atsasak'adiny ny lalana, ary tsy dia be resaka ilay mpamily. "Tsia" avokoa ny valinteny rehetra nomeny ahy. Angamba tokony nanontaniako izy raha mbola salama saina tsara koa izy. Mety ho tsia koa angamba ny valiny

Tonga tany amin'ny masoivoho izahay tamin'ny 9:35 maraina, nihevitra fa mba ho isan'ireo olona voalohany eo amin'ny filaharana. Akory anefa ny hatairanay raha nahita ity soratra milaza fa mikatona ny masoivoho satria andro tsy fiasana androany any Thailand!

Nikopakopaka anay ilay mpiambina tao nilaza fa mila miverina ny ampitso izahay. Very ndro iray sy vola SGD100 indray anio.

Nony tonga tany amin'ny seranana indray izahay dia nampisakafo ny ankizy i Ella nandriatra ny fiasako tamin'ny iPad. Nanoratra mailaka tamin'ny masoivoho malagasy any Thailand sy Singapour aho mba hangataka faandinihana sy fanohanana. Nambarako tao avokoa ny mombamomba anay rehetra sy ny olana natrehinay.

Vetivety ihany dia nahazo valiny aho. Samy nanoro hevitra ahy hanatona ny masoivoho Thai ao Singapour izy ireo. Niantso ny masoivoho Malagasy indray aho saingy tsy namaly antso izy ireo. Niverina indray ny fanantenako nahita ny valiny tamin'ny mailaka. Mety hahita vahaolana ihany angamba aho.

Mba tsy hahavery fotoana dia nanontany tao amin'ny Singapour Airlines aho raha mety ny maka sidina avy ao Singapour mandeha Bangkok. Nambaran'ilay mpiandraikitra fa mila famandrihana vaovao hafa indray raha hanao izany.

Fantako sahady fa ho lafo ny saran'izany satria mila ovaina ny toerana iaingana sy ny lalana hizorana. Raha vidiana misaraka isaky ny fizaran'ny lalana anefa ny tapakila dia hamerina ny hadisoana tamin'ny voalohany ihany indray. Niantso ny CheapOair aho mba hanova ny toerana iaingana ho Singapour fa tsy Bangkok. Nandà ilay mpiandraikitra tao, nolazainy fa mila famandrihana vaovao mihitsy izany.

Nambarany fa ny manova ny zotra manelanelana ny toerana iaingana sy ny toerana ivantanana ihany no azon'izy ireo atao. Tsy mety kosa ny manova ny toerana iaingana sy ny ivantanana. Mbola te hanandrana hividy tapakila mizarazara indray mandeha i Ella, fa izaho efa tena tsy marisika ny amin'izany intsony.

Niaraka nankany amin'ny biraon'ny Singapour Airlines izahay mivady. Nasaina nankeny amin'ny toerana fisoratana anarana izahay hijery raha misy sidina malalaka mankany amin'ny alehanay. Nijery ny taratasinay ilay mpiandraikitra ary nanao antso an-tariby ka nanamarina avy eo fa misy sidina afaka mitondra anay.

Nitsiry indray ny fanantenanay. Nihazakazaka niverina nankany amin'ny Singapour Airlines izahay. Nojeren'ilay mpiandraikitra teo ny taratasinay rehetra, niova tampoka anefa ny endriny. Nambarany fa nila niresaka tamin'ny mpiandraikitra ny fisoratana anarana izy.

Niandry teo izahay mivady. Nolazainy anay avy eo fa tsy maintsy tapakila iray vaovao vao mety izany. Niantso ny tambazotram-piaramanidina Ethiopian Airlines izahay satria izy ihany no afaka manatanteraka izany.

Araka ny nambarany dia mila miandry sasak'alina izahay vao afaka mihaona amin'ny mpiasan'ny Ethiopian Airlines. Nitohy niasa momba ilay fangatahana visa aho teo an'elan'elan'izay. Ny hariva tontolo aho dia nitady torolalana teo amin'ny aterineto. Tsy afaka nampiditra ilay taratasy fangatahana mihitsy aho hatreto. Tsy vitan'izany fa nahita soratra aho nilaza fa tsy afaka mahazo visa avy ao amin'ny masoivoho Thai aty Singapour ny teratany Malagasy.

Rava ny fanantenako. Kanefa natoky mandrakariva

aho fa manana ny fomba fitantanany manokana Andriamanitra. Nila nitazona ny finoako aho. Efa sasak'alina izao. Torovana ny tenako, nila nitsotsotra teo amin'ny tany aho.

Nitsilany tamin'ny gorodona teo anilan'i Lolo zanako aho. Botofotsy no nilafihanay. Nibanjina ny tafo aho ka ireo indray ilay haingon-trano miendrika ranon'orana mihetsiketsika. Nampahita tory ahy ireo.

Notakomako lamba ny masoko rehefa avy nampiditra ny akanjoba sy bà kiraro; dia natory aminizay. Anisan'ny iray amin'ny torimaso lalina indrindra azoko tato anatin'ny efatra andro iny indray alina iny.

Nanaitra ahy tamin'ny 5:30 maraina ny findaiko ka nankany amin'ny trano fidiovana aho ary niomana ny hiatrika ity andro vaovao ity indray. Nanomana ny taratasy rehetra nilaina hangatahana ny visa aho mandra-pamohazako ny fianakaviana manontolo tamin'ny 6 ora maraina.

Fanantenana vaovao

Nisy mailaka telo voaraiko ity maraina ity. Ny iray avy tamin'ny namanay tany Sydney nilaza fa ny vahaolana tsara indrindra dia ny mamandrika ampahan-tsidina izay ao amin'ny Singapour Airlines mizotra tsymiato mankany Madagasikara. Ny hafatra iray kosa dia avy tamin'i Duncan, mpiara-mivavaka aminay any Darwin, nilaza fa misy namany antsoina hoe Lee izay teratany Singaporeana mipetraka any Darwin, manao fialan-tsasatra aty Singapour ka tokony hiresahinay.

Teo no eo ihany aho dia niantso an'i Lee. Nifanao fotoana tamin'ny 9 ora maraina taty amin'ny seranana izahay.

Ny hafatra fahatelo kosa dia avy tamin'ny masoivoho Thai, valin'ny fangatahako fanampiana omaly. Nambarany fa afaka mankany amin'ny masoivoho aho ary mampiasa ny solosaina any anaovako ny fangatahana. Nomeny tao ny rohy tokony hidirako. Ela ny ela, afaka ka mba mety ho afaka hameno ny taratasy fangatahana ihany aho.

Nanantena aho hoe hokarakaraina manokana ny momba ahy any. Tsapako ho fitahiana lehibe tsy mampino ny ahafahako miditra ao amin'ny masoivoho manao fangatahana visa taorian'izay sedra rehetra niainako izay. Solosaina ihany no nilaiko tamin'izany ary efa nomeny ao amin'ny mailaka ny rohy tokony hidirana.

Notspaiko ihany anefa aloha ireo solosaina tao amin'ny entanay, miisa telo izy ireo saingy samy tsy nandeha anefa ireo. Very maina fotsiny ny nitondrana azy. Nentiko ihany anefa ireny satria noheveriko fa ho moramora kokoa ny saram-panamboarana azy any Madagasikara. Ilay voalohany tsy mety velona, ny faharoa mba mandeha ihany fa mila mampiasa kitendry mitokana mihitsy izay tavela any an-trano. Ao anatin'ireo solosaina ireo ny mombamomba anay, hany ka tsy maintsy nanamboatra azy ireo aho. Nisy namako tany Madagasikara izay mantsy kingalahy amin'ny resaka elektronika sy solosaina ka inoako fa afaka nanao ny fanamboarana.

Ilay solosaina fahatelo kosa dia teny kely tokoa. Mpiara-mivavaka taminay no nanolotra azy an'i Sandy mialoha ny nandaozanay an'i Darwin. Indray mandeha monja i Sandy no nampiasa izany hatramin'izay.

Mandeha tsara ilay solosaina, ary haingam-piasa, fa tsy nankafy ny fampiasana azy i Sandy. Nanana solosaina lehibe kokoa izy tany am-pianarana, hany ka tsy dia noraharahiany ity kely ity. Tsy fantany akory ara hoe nataoko tao anaty entana tao ilay izy. Nentiko ihany iny hampiasaina raha sendra ilaina any Madagasikara.

Navoakako tanaty entana ilay solosain'i Sandy, novelomiko ary nofahanako. Nahagaga fa nandeha tsara ilay izy, sady tonga dia nahita ny Wi-Fi. Adiny iray teo no laniko nitady ny teny miafina ahazoana ny Wi-Fi. Nandeha tsara ilay solosaina.

Teo am-pidirana ny rohin'ny masoivoho Thai aho no nisy hafatra nipoitra indray nanambara fa tsy mety misokatra amina solosaina mampiasa Windows ilay rohy.

'Loza! Rava indray ny fanantenako hahafeno ny taratasy fangatahana visa androany. Na izany aza, amiko dia tsy maintsy misy vahaolana foana ity.

Tsaroako hoe toa misy solosaina azo ampiasaina maimaim-poana izay ao amin'ny seranan'i Changi. Nisy soratra hitako nilaza izany herinandro vitsy lasa izay tamin'ny mbola tany Darwin. Nanontaniako olona ny momba izany ary ny valiny azoko dia ny hoe tsy ato amin'ny faritra misy anay no misy izany. Raha hampiasa ny solosaina any ivelany aho dia mila mandoa vola ao amin'ny *Haven Hotel (Paradisa),* any amin'ny toeram-piatsonana T3.

Efa tamin'ny 10 ora alina teo ho eo tamin'izay, kanefa tsy maintsy niroso aho.

Arak any finoantsika dia tsy moramora ny nankany amin'izany *paradisa izany*. Koa raha SGD40 ny saran'ny fandehanana eny, dia tsy hisalasala aho ny handoa izany (tsy misangisangy aho milaza izany). Nony tonga tao amin'ny *Haven* aho dia nahazo alalana hampiasa ny solosaina mandritra ny adiny telo, nahazo zava-pisotro arak'izay tiako sy sakafo iray vilia.

Niasa aho ny alina tontolo, ka nahavita nameno ny taratasy fangatahana tamin'ny anaran'i Ella sy ny ahy nialohan'ny nahataperan'ny fe-potoana nananako. Tena nanome hery ahy ilay sakafo sy zava-pisotro azoko tao. Niverina tany amin'i Ella aho tamin'ny 4 ora maraina mba hangataka azy hanampy ahy amin'ny mombamomba ny ankizy. Zara raha tafihetsika ny tongotro nony namindra. Nila torimaso maika aho, na dia adiny iray monja aza.

Tsara koa ny nanana olona hafa afaka mamerina mamaky ny fangatahana, hany ka natory kely aho dia hiverina any indray miaraka amin'ny Ella.

Vetivety teo dia tamin'ny 6 ora maraina sahady ny andro. Niverina tany *Haven* izahay, ka nanohy ny asa rehefa avy nandoa ny saram-pidirana faharoa indray. Tsy nahazo sakafo i Ella, fa afaka nipetraka teo amin'ilay seza tao ihany izy, seza izay somary lavidavitra ny solosaina niasako ihany.

Novitainay avokoa izay tokony nataonay rehetra talohan'ny 10 ora sy sasany. Efa teo i Lee, ilay namana vaovao nony niverina tao amin'ny seranana izahay. Niangavy azy aho hijanona miaraka amin'ny entanay mandritra ny fandehanay mianakavy any amin'ny masoivoho Thai. Naka taxi lehibe indray izahay, ka tonga tany amin'ny masoivoho tamin'ny 11:35 maraina.

Efa nikatona ilay toeram-pandraisana. Nisy soratra teo nilaza fa amin'ny 9:15 ka hatramin'ny 11:30 maraina no fandraisana ny fangatahana visa. Niangavy ilay mpiandraikitra izahay ny mba handraisany ny taratasinay, efa nitalahoana mihitsy fa tsy nety izy. Mikatona ho azy hoy izy ny solosain'izy ireo amin'ny 11:30 maraina. Namporisika anay hiverina amin'ny 2:00 ora tolak'andro ilay olona. Niantso an'i Lee indray aho nanazava azy ny toe-draharaha. Nanaiky ny hiandry izy.

Nandeha nisakafo teo akaikikaiky teo izahay minakavy kely. Sakafo mba mendrika tamin'ity indray mitoraka ity. Faly ery izahay, niadana tsara sady feno fanantenana. Nandehandeha teny izahay, naka sary sady mba nitsidika trano fandraisam-bahiny teny ho eny mandra-piverinay any amin'ny masoivoho indray. Voaray tao amin'ny masoivoho ihany izahay ka afaka nametraka ny fanontaniana rehetra nilainay. Nolazaiko tao ny olanay amin'ny resaka fotoana sy ny mikasika ny ankizy.

Tsy niala tamin'izay voalaza tao amin'ny tranokala ilay mpiandraikitra, indrindra ny amin'ny hoe maharitra hatramin'ny roa andro ny fikarakarana ny taratasy. Nambarany fa tsy afa-miala amin'izay izy, na misy inona na misy inona. Tsy nilaza na inona na inona ny amin'ny pasipaoroko kosa anefa izy. Namelona ny fanantenana kely tato anatiko izany. Nihazakazaka indray izahay niverina tany amin'ny seranam-piaramanidina. Nila nijery ny vola nanananay koa izahay raha afaka hitady trano onenana na tsia. I Sissi rahateo efa nanomboka nikohaka.

Nanana fotoana taman'olona i Lee ny harivan'iny kanefa nahemony izany noho ny fiantrany anay. Nony tonga tany amin'ny seranana izahay dia nitady trano tao amin'ny aterineto. Efa ho adiny iray no nitadiavanay toerana hitobiana tao amin'ny tranokala aterineto sy niantsoanay olona samihafa manodidina ny seranana fa tsy nahita, ka tapa-kevitra izahay ny hitady toerana hiantranoana any an-tanàndehibe, toerana akaiky fitateram-bahoaka sy ahitana sakafo mora vidy. Akanin'ny tanora amin'ny vidiny mirary no notadiavinay ka Pine Hostel by Just Inn no nofandrihanay.

Sambany izahay mianakavy no mba hatory anaty trano misy rindrina efatra; hahazo fandriana, sy hampiasa trano fidiovana ara-dalàna ary hihinana sakafo tsara.

Tsy nahatsikaritra ny datin'andro intsony mihitsy aho raha tsy ny vadiko no inty niarahaba ahy nahatratra ny tsingeri-taonako. Eny tokoa, telo amby efa-polo taona androany aho. Tsotsotra ny fankalazanay izany, kanefa tena faly aho nahita ny fianakaviako afaka nisento indray.

Tsy nahazo fanomezana aho. Ny mba niriako ho an'ny tsingerin-taonako dia ny hahazoanay visa. Rehefa avy nisaika izaho sy i Lolo, dia nihazakazaka aho nankeny amin'ny latabatra nisy ilay solosaina mba hamarana ny fangatahana visa. Hitako tao fa efa nandroso ny fikarakarana ny visa-ko. Tsar ery izany vaovao izany.

Efa nisasa-dalana ny fikarakarana rehetra, satria ny solosaina efa mampiseho ny loko maintso maniraka ahy hitondra ny pasipaoroko sy ny taratasy ilaina rehetra any amin'ny masoivohon'I Thailand farak'izay haingana. Ny fangatahan'i Ella kosa mbola voamarika ho mena satria nisy tsy ampy ny mombamomba ny ankizy.

Nila natambatra tamin'ny an'ny vadiko ny fangatahan'ireo zanako. Haingana kokoa ny fiomanana rehetra noho ny fanampian'i Ella sy i Sandy. Natontako avokoa ireo taratasy rehetra ary tamin'ny 11 ora alina dia efa vonona hatory izahay. Mamy ery ny torimaso iny alina iny.

Ny ampitson'iny dia efa vonona avokoa izahay mianakavy handray ny tombokasen'ny visa Thai eo amin'ny pasipaoronay. Efa niandry anay tao ambany i Lee tamin'ny

8:30 maraina teo ho eo. Nandeha Metro (fiaran-dalamby mandeha ambanin'ny tany) izahay nankany amin'ny masoivoho tamin'ity indray mitoraka ity ka nihena ny fandaniana tamin'ny fivezivezena.

Tamin'ny 9:45 maraina izahay dia efa tonga tany amin'ny masoivoho ary naka laharam-piandrasana avy hatrany. Niantso ahy ilay ramatoa mpiandraikitra, ary nilaza fa tokony atambatra amin'ny fangatahako koa ny an'ny ankizy. Nolazaiko azy fa efa nataoko avokoa izany rehetra izany. Nangataka ny taratasy rehetra izy.

Nataony ny fikarakarana ny taratasy. Iray minitra monja taty aoriana dia nijanona tampoka izy. Hoy izy hoe: "Tsy mety angalana visa avy aty ireto pasipaoronareo ireto. Tsy maintsy atao any Thailand izany na any amin'ny firenena onenanareo."

Nirefotra mafy tato an-tsofiko izany teny izany. Masoivoho malagasy no naniraka ahy hankaty, efa voasoratra ao anaty taratasy ao izany. Tsy niova anefa ny fanapahan-kevitr'izy ireo. Nanontany tena aho hoe inona no ilàna ny masoivoho raha tsy afaka manampy ny mpiray tanindrazana aminy. Nitomany ny vadiko, nitalaho tamin'ilay ramatoa, kanefa tsy niova hevitra mihitsy izy.

Nitaraina mafy i Ella. Vola tahiry nandritra ny roa taona hoy izy no very anjavony vokatr'izao. Tena kivy dia kivy ny ankizy. Nitangorona teo amin'ny reniny avokoa izy ireo ary niara-nitomany taminy teo.

Nangatahin'ilay ramatoa tamiko ny pasipaoronay. Nanantena aho hoe mety hataony ihany angamba ilay visa. Hay nasiany tombokase hoe nolavina fotsiny.

Nanontaniako azy ny tokony hataonay. Nanao fijery anavona izy sady namaly hoe: "Izao no mitranga rehefa tsy mijery tsara ny raim-pianakaviana mialohan'ny hisidinana. Izao ny vady aman-janakao vonton-dranomaso. Tsy misy na inona na inona azoko atao. Mandrosoa ny manaraka o!"

****

Tsingerin-taona mangidy

Noraisiko ny tanan'ny vadiko, notantanako i Lolo, ary nivoaka haingana ny masoivoho izahay.

Nanontany ahy i Lolo hoe: "Inona hono no nolazainy ry Dada? Hahazo visa ve isika?"

"Tsia, anaka. Tsy tian'izy ireo ny pasipaorotsika."

"Ho any Madagasikara ihany ve isika?"

"Mila manadrana vahaolana iray farany isika, ry Lolo. Ary raha tsy mety izay, dia tsy maintsy miverina any Darwin isika."

Nalahelo mafy anay i Lee. Kanefa nitazominy tao anatiny ny alahelony mba tsy hanampy trotraka ny hakivianay. Nanontany ahy ny paik'ady manaraka izy. Nambarako azy fa mila mankany amin'ny Ethiopian Airlines eto an-toerana izahay. Nojereny tao amin'ny aterineto izany ary nolazainy fa misy birao iray tsy lavitra ny tranony. Naka fiara fitateram-bahoaka izahay ary tsy ampy adiny iray akory dia tonga tany.

Tsy maintsy natosika tanaty posety i Lolo satria hadino tany amin'ny masoivoho ny kirarony, tamin'iny ilay visa nolavina iny. Niditra tao amin'ny biraon'ny Ethiopian Airlines daholo izahay mianakavy. Tsotra ery ilay mpiandraikitra. Nohazavaiko azy ny toe-javatra misy sy ny fikasanay hanova ny zotra mba hialàna amin'ny visa Thailand. Tsy nety nanova ny toerana iaingana ao anaty tapakila mantsy ny CheapOair raha tsy manao famandrihana vaovao indray.

Nolazain'ilay ramatoa fa azo atao soa aman-tsara anefa izany, fa indraindray ny mpiandraikitra no kamo hanao azy. Hitany tao koa fa voambara ho tsy niondrana izahay ny 4 Desambra 2017 (no Show). Nahazoako toky izany fa mbola mety mbola ho tafaverina ihany ny volanay tany amin'ny CheapOair nanaovana ny fanitsiana daty satria tsy ny sarany rehetra no nefaikoa.

Tsy mila visa ny zotra Singapour– Antananarivo– Singapour (SIN-TNR-SIN) raha toa ka hifidy izany izahy. Nila mifantina daty nanelanelana ny 26 Desambra 2017 sy ny 16 Janoary 2018 izahay mba hahafahana miverina ny 2 Febroary 2018. Daty mifanitsy amin'ny saran-dalana mora indrindra avy any Darwin mankany Singapour no nosafidiany. Na dia izany aza dia mbola nila nandoa US$540 isan'olona ihany izahay ho sara-mpanitsiana raha toa hiroso amin'izany safidy izany. Izany hoe US$3,240 no vola ilaina hiantohana anay mianakavy, ankoatry ny saran-dalana avy ao Darwin mankao Singapour indray. Tsy ho vita izany raha tsy mahazo fampindramam-bola na fanampiana izahay. Raha tsy izay manko dia tsy hanam-bola intsony izahay iantohana ny lany rehetra any Madagasikara.

Raha tsy voaverina ny volanay tany amin'ny CheapOair, dia tsy afaka ny hiroso mihitsy izahay. Raha ny fahafantarako anefa dia mety haharitra herinandro vao ho azo izay vola izay. Tena mangidy izao zavatra iainanay izao raha raisina ho fanomezana ho amin'ny tsingerin-taonako. Kanefa inoako fa tsy mbola resy izahay raha toa ka mbola afaka miroso.

Tsy hahatratra Krismasy, ilay tena anton-dianay any Madagascar intsony izahay kanefa mbola narisika ihany i Ella ny hindramam-bola amin'ny namana mba hahafahana manohy ny dia. Izaho kosa nalaina. Izaho mantsy no mpampidi-bola fototra ao an-tokatrano, ka fantatro tsara ny fetra amin'izany.

Raha ny hevitro manokana dia tokony hatsahatra eto Singapour ity dia ity. Izaho mantsy tena efa kivy.

Tsy nisy kiraro moa i Lolo ka natosiko tamin'ny posety izy nony nankany amin'i Lee izahay. Rihana faha 23 amina tranobe iray ao Chinatown no misy ny renin'i Lee. Dia an-tongotra telo minitra avy eo amin'ny seranana metro sy avy eo amin'ny tsena no misy azy. Natao ny fifankafantaranay tamin'ny fianakavian'i Lee sy ny mpanampivavin'ny reniny.

Ranom-boankazo sy rano mangatsiaka no natolony anay. Mamiko loatra ny fandraisany anay. Notantaraiko an'i Rtoa Jade, vadin'i Lee, ny fiainanay. Nolazaiko azy fa ny hamandrika sidina miverina mankany Darwin izao no hataonay manaraka. Amin'ny alahady ho avy io no misy sidina mora indrindra hitako tao amin'ny aterineto omaly, kanefa raha nijery tamin'ny iPad-ny izy dia efa tafakatra SGD257 sahady izany, indroan'ilay sarany nandehananay teo aloha.

Zatr'ady amin'ny fitadiavana sidina mora i Jade. Nahita sidina mora tao amin'ny Jetstar izy, izay tokony handeha amin'ny zoma (afaka fito andro). SGD45 isan'olona fotsiny ny saran-dalana. Tamin'izay fotona izay koa i Lee no niresaka tamiko momba ilay trano iray teo akaikiny teo izay azonay hofaina. Nanaiky hampihena ny sarany ho SGD140 ilay tompon-trano, mitovy amin'ny hofan'ilay nitoeranay farany teo izany. Nentiny nitsidika ilay trano izahay ary tena nahagaga fa toa ireny trano avo lenta ireny mihitsy ilay izy. Samy hafa tanteraka tamin'ilay ankany teo aloha.

Nony ren'i Jade fa nety taminay ilay trano, dia nanao kajy kely vetivety izy. Hitany fa nitovitovy ny laninay raha nividy tapakila hodiana any Darwin izao alahady izao izahay na hiandry zoma heriny ka manofa trano herinandro aty.

Raha nody teo no eo izahay dia toy ireny resy an'ady ireny, miharo fahakiviana sy fahadisoam-panantenana. Hafa tanteraka anefa ny vokatra raha mba nijanona herinandro taty Singapour.

Hanova ny fahakivianay ho fialan-tsasatra mahafinaritra tokoa ny fitsidihana an'i Singapour sy ireo toerana malaza ao aminy, hoy aho anakampo.

Resy lahatra ny amin'izay i Ella ka nanaiky namandrika ilay sidina ho amin'ny zoma heriny. Toy ny nahazatra dia tsy maintsy namindra vola avy ao amin'ny kaonty tahiry mankao amin'ny kaonty manokana izy. Mandra-pifindran'ilay vola dia efa nivadika ho SGD125 sahady ny saran-dalana.

Izay indray ilay fandrika fanaon'ny tambazotram-piaramanidina hoy aho. Rehefa hitany fa liana ianao dia akariny ny vidiny. Kanefa rehefa amin'ny alina ianao no mijery sidina dia milatsaka be ny vidiny. Tapa-kevitra aho fa anio alina no hamandrika sidina mody.

I Mary sy i Bob moa nanohana anay teny foana nandritra ireny fotoan-tsarotra rehetra ireny, na ara-bola izany na ara-tsaina. Nahatsiaro aho fa tokony hanome vaovao azy ireo mandrakariva. Naka toerana mangina aho ka nitantara tamin'izy ireo ny nandavana ny visa-nay sy ny valinteny azo tany amin'ny Ethiopian Airlines ary mbola fahfahanay hanohy ny dia amin'ny volana Janoary 2018. Nolazaiko azy ireo anefa fa mikasa ny hijanona aty Singapour aloha izahay dia hody avy eo sady efa nahita sidina mora ho an'ny zoma ho avy izao.

Niova tampoka anefa ny fitenin'ireto olona ireo taorian'izay. Nanontany ahy i Bob hoe ahoana no fomba hamerenako ny vola nampindramin'izy mivady ahy ho an'ity dia ity. Noheveriny angamba fa holanilaniako fahatany aty Singapour ny volany sady izay mbola misisika ny ho any Madagasikara ihany aho ny volana Janoary. Tsaroako tamin'iny resaka iny ilay fomba fiteny amerikana manao hoe: "*Tsy misy olona handany ny fotoanany amin'ny olona efa resy*".

Nanjary hatsatra tampoka teo ny endriko. Ary hitan'i Ella izany. Nolazaiko azy ny zava-misy. Tezitra mafy izy ary nilaza fa be resaka loatra aho. Nanome tsiny ahy izy ny amin'ny nitantarako ny pitsopitson'ny dianay tamin'olona. Nambarany koa fa vokatry ny tsy fihainoako azy izao rehetra mianjady aminay izao.

Hoy i Ella: "Izao no vokatry ny tsy fanomezana teny ny vehivavy sy ny tsy firaharahiana ny heviny".

Taorian'ny adihevitray nandritra izay enim-bolana farany izay dia tsy nanohitra ny hevitro intsony I Ella, noraisiko ho toy ny tsy fahatokisana ahy foana manko izay fanoherana ataony.
Nekeko izany fahadisoako izany ary niala tsiny taminy aho. Amin'ny lafiny iray, nanome tsiny ny tenany koa izy noho ireo teny nataony nandritra ny adinay, sy tamin'ny niakarako feo ka nandrahonako ny rehetra fa hajanoko ny fialan-tsasatra raha miady hevitra eo foana izahay. Tsaroako nisy fotoana aho nilaza ny ankizy fa ho ratsy dia ratsy ny

fandehan'io fialan-tsasatra io raha toa ka mbola ohatr'izao foana ny fitondran-tenan-drenin'izy ireo.

Ny tena marina dia, nisy tsy nety koa ny fitondran-tenako saingy tsy niloabava aho. Samy niaiky ny hadisoanay izahay, ary nanomboka teo dia nifankahazo bebe kokoa izahay roa. Nankany amin'ny ankany izahay handevona ny fanenenanay. Ny alina tontolo aho dia nandinika ny dianay ary namisavisa ny mety ho toe-javatra raha toa ka naka fanapahan-kevitra tsara dieny mbola tany Darwin.

Nahatsapa aho fa ratsy avokoa ny fanapahan-kevitra noraisiko nandritra ity dia ity. Niantehitra loatra tamin'ny fahaizako sy ny traikefako manokana aho, ary tsy mba niraharaha ny tsindrimandry sy ny hevi-behivavy avy any amin'ny vadiko. Tsy mba naka fotoana nivavaka akory aho na mba nanontany hevitra tamin'ny hafa. Naleoko nitompo tamin'izay efa nataoko fa tsy mba nisokatra tamin'ny hevitry ny hafa.

Raha mba niresaka tamin'i Mary izao aho nialohan'ny namandrihako ireo tapakila, dia mety mba nahazo fomba fijery hafa. Raha mba nanaraka ny torohevitr'i Nentoa Lila, ilay namanay tany Darwin, aho ny amin'ny fanatonana sampan-draharaha fa tsy namandrika eo no eo dia mety nisy nampilaza ny momba ilay visa. Mety ho vita moramora teo ny fanovana ny zotra ka tsy nisy izao olana rehetra izao.

Raha mba nanaiky nanemotra ny dia aho raha vao nahafantatra ilay olana mikasika ny visa-Thailand tany Darwin, dia mety ho tody tany Madagasikara mialohan'ny Krismasy izahay, sady tsy voatery nandoa volabe fanampiny, no sady tsy nampidi-doza ny ankohonako taty Singapour, izay toerana lafo fiainana sady tsy fantatray akory.

Tsy voatery nankany amin'ny hopitaly i Ella raha mba nanontaniako mialoha ny heviny momba ilay fanovana daty tao amin'ny CheapOair. Mety nosakanany aho tsy handany vola amina zavatra tsy azo antoka.

Raha mba nekeko mialoha fa tsy afaka manao fangatahana visa ao Singapour aho noho ny pasipaoroko Malagasy, araky ny voasoratra tao amin'ny aterineto, dia tsy nandany andro niady varotra tany amin'ny Cheapoair fa nety afaka nandray sidina nankany Madagasikara avy hatrany izahay amiaraka amina tambajotra hafa.

Araky ny fikarohana nataoko farany teo dia tsy afaka mamerim-bola ny trano fiantohana raha toa ka mikasika ny visa ny olana.

Izany rehetra izany no manambara fa very maina avokoa ny tahiry rehetra nangoninay nandritra ny roa taona hanomanana fialan-tsasatra. Ary ny loza indrindra dia, mety tsy hatoky ahy intsony ny zanako. Tambin'izay dia voatery hamerina trosan'olona aho mandritra ny roa volana sisa iasako (tapitra amin'ny 24 Janoary 2018 koa manko ny fifanarahan'asako tao anivon'ny governemanta).

Nanontany tena aho hoe: "Izao ve no fanomezana tsara indrindra mba nomen'Andriamanitra ahy ho an'ny tsingerin-taonako?"

Raha sahy niatrika sedra toy izao aho hatrizay dia noho ny finoako fa miaraka amiko mandrakariva Andriamanitra ary nataony ho mpandresy mandrakariva aho na inona na inona sedra nolalovako nanomboka tamin'ny faha efatra amby folo taonako.

Nanomboka tsapako teo ny antony mahatonga ny Aostraliana tsy mino an'Andriamanitra sy nanadino ny fivavahana. Raha tsy dia ninonino foana manko aho izao fa nampiasa tsara ny saiko dia mety ho hendry kokoa ny fanapaha-kevitra noraisiko. Kanefa efa niaina fifanjevoana toy izao aho teo amin'ny fiainako fa nasehon'ilay lehibe ao ambony fa izy no mitondra. Manana fandaminana tsara kokoa hatrany izy.

Mbola nino an'Andriamanitra foana anefa i Ella. Taorian'ireny hadisoako ireny dia tsapako fa tsara kokoa raha miantehitra amin'ny hevitr'i Ella aho manomboka izao. Tsy ela akory dia tonga ny valin'ny vavaka nataoko. Tsy nahita tory mantsy aho ka nankeo amin'ny birao misy ny solosaina. Nitsaitsaika aho mba tsy hanapaka ny torimasomamin'ny hafa.

Nijery teo amin'ny tranokalan'ny Jetstar aho dia nahita ilay tolotra SGD45 sidina tokana mankany Darwin izay tsy voafandrikay ny hariva teo. Notsindriako ilay rohy nefa tampoka teo dia nivadika ho SGD99 ny sarany. Hay tsy mbola misy hetra sy fanampin-tsarany kay ilay SGD45.

Nofandrihako teo no ho eo ihany ilay SGD99 isan'olona satria mbola mora ihany izany. Voalamina aloha izay ny fialan-tsasatray aty Singapour sy ny sidina hodiana any Darwin.

TOKO 15
TONGASOA ATY SINGAPOUR

Ny Asabotsy 9 Desambra 2017 no tokony nandaozanay an'i Bangkok handehanana any Madagasikara. Indrisy anefa fa tsy afaka nandray ny sidina izahay noho ny hetraketraky ny fiainana.

Ny hany azonay natao dia ny nanararaotra ny fijanonana eto Singapour. Tonga tamin'ny 9 ora maraina i Lee mba hanampy anay hifindra ao amin'ilay trano vaovao hipetrahanay mandritra ny fito andro. Rehefa vita ny fanamarinana sy ny fandoavam-bola handaozana ilay tobin'ny tanora dia niantso taxi lehibe ilay mpiasa tao amin'ny Pine Hostel.

Sosotra ilay mpamily nahita ny entambenay, kanefa nataonay mody tsy heno ary notohizanay ihany ny fampakarana ny entana anaty fiara. Nankany Chinatown izahay, ilay toerana misy ny "tranonay vaovao".

Nakarina tao amin'ny efitra avokoa ny entana rehetra, ary nanomboka nandamina ny entana izahay. Sambany vao mba hiaina izany fiainana anaty hotel izany izahay mianakavy. Toa mahafinaritra sy tsara lamina avokoa ny efitra rehetra, raitra ery ny trano fivoahana sy ny efitra fidiovana; nisy fahitalavitra lehibe koa nanoloana ny fandriana.

Tazana tsara avy eo amin'ny varavarankely ny tananan'i Singapour. Ary indrindra indrindra, maimaim-poana ny aterineto. Mora vidy tokoa ny sakafo tao amin'ny *People's Park* tao ambany rihana. Tao ihany koa no misy ny seranana metro SMRT, fandraisana fiara fitateram-bahoaka.

Nidina nitady sakafo tany an-tsena izahay ny mitataovovonana, I Lee no nitarika anay. Be sakay ny sakafo kanefa nafilotra aok'izany. SGD25 fotsiny dia nahazo sakafo sy zava-pisotro ho an'ny ankohonana manontolo. Nahavonjy tokoa izany ho an'ny raim-pianakaviana lany vatsy toa ahy.

Avy eo dia nankany amin'ny magazay izahay nitady kiraro mora vidy ho an'i Lolo, mba ahafahana mitondra azy ivelan'ny posetiny, izay efa kely aminy. Tsy maintsy nakariny foana ny tongony mba tsy handona olona na sanatria hidona amin-javatra. Sarotra ny manosika azy indrindra rehefa ilay tafatory iny izy ka nivoaka ho azy ny tongony, tsy maintsy navokiko matetika mba hiarovana azy tsy hidona. Magazay telo no nolalovanay vao nahita kiraro ho azy izahay. Vita izay dia niakatra tany an-trano indray izahay haka aina kely.

Navoakan'i Ella ny ankamaroan'ireo kilalao saika nentinay ho an'ny fianakaviana any Madagasikara. Nomeny nolalaovin'ny ankizy ireo. Hoy izy hoe: "Ny mety dia ny mampiasa ireto kilalao ireto aloha mandra-piverina any Darwin. Manomboka androany dia tsy hiandry fotoan-dehibe intsony aho vao hanao akanjo tsara fa hoararaotiko avokoa ny fotoana iainako anio." Nitafy akanjo tsara tarehy izy, ary nanamboatra ny volony koa.

Nampahia azy mihitsy ireo olana maro nolalovanay tao anatin'izay dimy andro farany teo izay. Nanavao ny endriny kosa ny toetr'andro malefaka tao Singapour. Tsapako niverina tamiko ilay vadiko hatrizay, izy sy endriny mahatalanjona sy ny fihetsiny tsotra sady kanto. Nifanohitra tanteraka tamin'ny endrika niketrona, main'ny masoandro sy ny hafanana tany Darwin ny endriny anio. Niala tanteraka tamin'ny akanjo fientiny miasa izy izany hoe ilay pataloha fohy menamena sy ankajo lobaka maitso iny.

Ny ankizy izay niady foana taloha tany Darwin, dia nanjary niova tanteraka taorian'ireny fahasahiranana ireny, satria lasa miara-milalao, mihomehy sy mifanaja tsara daholo ny tsirairay ankehitriny.

Nampianarin'i Dadabe Lee nifankatia izy ireo ka tsy nifampiantso tamin'ny anarana intsony raha tsy ialohavan'ny hoe Dodo (doo doo) izay fiantsoana ny zoky na zandry tiana. Nanjary nanana fiantsoana ho an'ireo olon-dehibe koa izy ireo. Sambany tanatin'izay telo taona izay no nahatsapako hoe manana fianakaviana mendrika aho, toa niverina tamin'ny fombanay nialohan'ny nifindrana taty Aostralia izahay.

Amin'ny ankapobeny dia nitovitovy tamin'Antananarivo ny fijery an'i Chinatown – ankoatry ny trano lehibe sy ny fahadiovana. Tsy nivelatra be akory ny lalana, ary mandeha eny amin'ny lalan'ny fiara ny olona. Nahatsiaro ho toy ny tany Antananarivo ihany aho. Efa nipetraka avokoa ny haingon-tanàna rehetra teo amin'ny lalambe Orchard Road ka nampahatsiaro ahy an'Antaninarenina amin'ny andro Krismasy.

Nanomboka nijery ny lafin-tsaran-javatra aho nanomboka teto. Nikasa hitondra anay any amin'ny Garden by the Bay i Lee ny hariva, hanatrika hetsika lehibe antsoina hoe *Christmas Wonderland*.

Any Darwin renivohitry ny Faritra Avaratr'i Aostralia no fonenako andavanandro; ary efa naniry hiaina fankalazana Krismasy miavaka ho an'ireto zanako aho fony izahay niala an'i Madagasikara.

Indrisy anefa fa maivana ny fankalazana ny Krismasy any Darwin, mangina sy tsy mba misy jiro namirapiratra loatra any fa resaka varotra no betsaka. Tsy hita intsony ny maha fetim-pinoana azy. Mba nandray anjara tamin'ny hetsika nataon'ny antokom-pihiran'ny Darwin ihany aho tamin'ny herintaona, kanefa tsy dia nahatsapa hafanam-po amin'ny maha vanim-potoana masina ny Krismasy aho. Izay no anisan'ny antony lehibe naniriako hitondra ny zanako hiverina any Madagasikara hankalaza ny Krismasy.

Tamin'ny 6:30 hariva dia naka metro hankany Garden by the Bay izahay. Akory ny hagagako raha nahita ny toerana anaovana ilay fety? Tranoavo lehibe dia lehibe tokoa mitafo sambo no tazako voalohany. Niditra izahay, ary dia notolagaga nibanjina ny hatsaran'ireto hazo artifisialy mientrika baobaba ireto izay feno jiro manjelatra.

Nanomboka ny Karoly Krismasy, niovaova nanaraka ny gadon'ny hira ny jiro. Nijaridina tsy nahateny teo izahay. Dimy amby folo minitra taty aoriana dia nitsahatra ny fampisehoana jiro ary nitohy tamina oram-panala artifisialy naparitaka teny amin'ny mpijery indray ny fampisehoana. Toy ireny sarimihetsika vokarin'ny Hollywood ireny mihitsy e!.

Izao mihitsy ilay Krismasy tiako haseho ny zanako. Nisy toerana malalaka feno kilalao koa teo. Nameno ny fonay ny hafaliana sy ny hafanam-po nentin'ity Krismasy tamin'ity indray mitoraka ity.

Teny an-dalana mankany amin-dry Lee dia nandalo tetezana miendrika angidina izay izahay. Feno jiro ny ilany havia, ary nisy haingony toa "Manege" lehibe ny ilany havanana. Afa-po tokoa izahay nony nody, samy nifampiarahaba fa niova ho zavatsoa ho anay ny fikatsoana teto Singapour.

****

Antsika ny Tany Manomboka Eto

Mamy ery ny torimaso iny alina iny. Natory maraina izahay ny alahady ka tamin'ny 8 ora maraina vao nifoha, 10 Desambra 2017 ny andro. Nanolotra sakafo maraina ho anay i Lee minakavy isa-maraina. Sakafo aostraliana sy aziatika mifangaro no narosony. Tian'ny ankizy tokoa ilay atody, izaho kosa nandrombaka izay rehetra nisy vary teo. Voankazo maro karazana no namarananay ny sakafo maraina. Maro ireo voankazo sambany vao nohaninay, isan'izany ilay antsoina hoe voankazon-dragona na "dragon fruit" miloko volom-parasy antitra, ny letchis karazany hafa mihitsy izay tsy hita raha tsy aty Singapour, sy ny maro hafa. Mora vidy ny voankazo tao Chinatown.

Tamin'ny 9 ora maraina dia efa nizotra nankany am-piangonana Mount Carmel izahay ary naharitra adiny iray ny dia tamin'ny fiarabe fitateram-bahoaka. Nankalaza ny faha dimampolo taonany ity fiangonana ity tamin'iny taona iny. Tena gaga izahay nahita ilay fiangonana feno olona, nanana endrika toy malagasy. Ny endriky ny trano sy ny filaharan'ny dabilio dia nampahatsiaro ahy ilay toerana nanaovana ny mariazinay tany Madagasikara.

Tao anatin'ny telo taona nadaozanay an'I Madagasikara, dia sambany aho vao nahatsiaro hoe manaja an'Andriamanitra ny olona ao am-piangonana amin'ny fanaovana akanjo mihaja sy taovolo mendrika ; amin'ny fihirana mafy sy amin'ny hafanampo, ary amin'ny fifehezan-tena sy fifanajana eo amin'ny samy mpiray fiangonana. Tena nahatsiaro ho toy ny tany Madagasikara mihitsy aho.

Raha mba tonga tany Madagasikara araka ny noeritreretina izao izahay, dia efa tany amin'ny fiangonana nahazatra anay tany Moramanga. Kanefa na dia tavela aty Singapour aza izahay, dia tsy mba nahatsiaro vahiny velively. Nilamina ny saiko. Afaka nihira ny hakamaroan'ireo hira aho satria maro tamin'izy ireo no toa efa henoko. Nankafy koa i Ella, na dia tafatory ihany aza izy indraindray noho ny harerahana be nahazo azy taorian'ireny sedra tany amin'ny seranam-piaramanidina ireny.

Amin'ny ankapobeny dia tena faly izahay mianakavy ary nidera an'Andriamanitra noho ireo soa rehetra nomaniny ho anay. Niara-nisakafo tamin'ireo mpiara-mivavaka vitsivitsy izahay ny atoandro, teo amin'ilay tsena akaikin'ny fiangonana. Nafilotra tokoa sady mora vidy ny sakafo, kanefa nasiaka loatra ny sakay. Tia sakafo masiaka ny olona aty Singapour, toy ireny sakay pilopilo. Sahirana izahay nandany ny sakafo teo am-bilia.

Ny hariva tontolo dia nandany ny andro tao an-trano izahay, tsy nanao na inona na inona fa nilalao teo ambony fandriana fotsiny. Niara-nilalao Lego izahay sy i Lolo. Nampanantena ny hitondra anay mianakavy handehandeha tongotra hijery jiro Krismasy teny an-tanana sy teny amin'ny magazay i Lee ny alina.

Rehefa avy nisakafo hariva tokoa dia nandray ny metro izahay, tsy nitondra ilay posetin'i Lolo intsony satria efa nahazo kiraro izy. Nangirana sy namirapiratra avokoa izay nojerena rehetra ; tena tsapa fa eto tokoa ny fanahin'ny noely. Naka sary teo amin'ny fiaran-dalamby kilalao izahay. Nipetraka izahay nijery ireo fampisehoana teo an-dalana. Nahafinaritra ny fotoana. Ity mihitsy ilay Krismasy efa nofisiko hatrizay. Tsy hay lazaina ny hafalian'i Ella tamin'io fotoana io. Nihovitra ny foko naheno ny hehiny indray. Nidanàka ny ankizy, tsy nahateny ankoatry ny hoe *oah*. Tamin'ny 10 ora alina vao nandeha nody izahay, ary afa-po tanteraka.

Mbola tsara torimaso indray koa ny rehetra iny alina iny, ankoatr'ahy. Tsy mbola afaka tato an-dohako ny ahiahy sy ny nenina. Nitady hevitra hatrany aho ny hanohizana ny dia, dieny mbola eto Singapour izahay. Tsy mba ireny karazan'olona mora miala an-daharana ireny mantsy aho. Tamin'ny telo ora maraina aho no nifoha ny 11 Desambra 2017, ary nikaroka tao amin'ny aterineto momba ny fangatahana visa raha mponin'i Darwin. Nitontona tao amin'ny tranokalan'ny masoivoho Thai tao Canberra aho.

Teo no eo dia nanoratra ho azy ireo aho ary nanambara taminy fa mponina ao Darwin, manana pasipaoro malagasy ary maniry ny hahafantatra ny tokony hatao sy ny mety ho faharetan'izany. Efatra amby roapolo ora ihany dia nahazo valiny, nasain'izy ireo nanatona ny masoivoho Thai tao Adelaide aho, io hono no mikarakara ny fangatahana avy ao Northern Territory sy South Australia. Nankao amin'ny tranokala haingana aho haka ny mombamomba io masoivoho io.

Nijery ny ora aho, ary niantso azy ireo avy hatrany. Tsy afaka niresaka tamin'olona aho fa solosaina no nandray ahy. Nanoratra ho azy ireo indray aho hoe ny masoivoho Thai tao Canberra no naniraka ahy hanatona azy ireo. Notsindriako manokana ilay olana mikasika ny pasipaoroko malagasy sy ny sedra iainako aty Singapour. Navalin'izy ireo tao fa noho ny pasipaoroko dia tsy maintsy alefa paositra any amin'ny masoivoho Thai any Canberra ny fangatahako. Herinandro no mety ho faharetan'izany. Risika aho ahy anefa ny mandefa izany avy aty Singapour, satria ho tavela eto Singapour indray izahay raha toa ka very an-dalana ny pasipaoronay.

Nankarary ny foko izany fiovana marobe izany, ary teo no nahatonga saina ahy fa tsy moramora ny hoe teratany Malagasy. Nanao voady aho fa raha any indray andro any ka hanana fahefana hitantana ny firenena aho dia hataoko mitovy amin'ny tombotsoa azon'ny mpiray tanindrazana amiko ny tombotsoan'ireo firenena hafa izay miditra ao Madagasikara. Indrisy mantsy fa tsinontsinona aho. Tsy mba nisy azonay natao afa-tsy ny miandry ny fahatongavana any Darwin hanaovana ny fangatahana visa. Mandrapahatongan'izay aloha dia mety aminay ny manararaotra ny fijanonana teto Singapour izahay.

****

Afoizo Any Izany

Ny tena nantenaiko tamin'ny fanohizana ny dianay dia ilay famerenam-bola avy amin'ny CheapOair noho ny tsy nahafahako nandoa manontolo ny saram-panovana ny zotra. Nihevitra aho fa tokony hiantso ny banky momba izany. Lany anefa ny fahana tamin'ny findaiko ka nindrana ny findain'i Lee aho. I Ella no navelako niresaka tamin'ilay olona satria azy ny karatra nampiasaina tamin'iny fotoana iny. Roapolo minitra taty aoriana dia nanatona ahy izy. Toa nitaintaina ny endriny. Nambarany tamiko fa nolavina ilay fandoavam-bola.

Taitra aho nahare izany. Niantso ny CheapOair avy hatrany aho ka nangataka ny hiresaka amin'ny tompon'andraikitra ambony. Nasiaka dia nasiaka ny fiteniko satria tsaroako tsara ny teny nolazain'ilay olona ahy. Nasaiko namerina nanamarina ny fitehirizam-peo ilay mpiandraikitra niresaka tamiko mba hanamafy ny fangatahako. Nohazavaiko azy fa tsy fanahy iniako ny tsy handoa ilay vola iray manontolo, fa tsy voafehiko intsony ny toe-draharaha nony niditra hopitaly ny vadiko tamin'iny fotona iny. Nilaza fa hamerina hiantso ahy afaka iray andro ilay ramatoa, mandra-pisavany ny fitehirizam-peo.

Ny alin'iny ihany dia nahazo mailaka aho nilaza fa nila alefako tany amin'izy ireo ny taratasy ara-pahasalamana nanamafy ny fangatahako. Taorian'ny antso dia nentiko nijery ny fandoavam-bola noho ny fiovan'ny sidina tany amin'ny Ethiopian Airlines i Ella. Tany no nahazoanay fanamarinana fa ny hany fampilazana azon'izy ireo dia ny tsy fahatongavanay tamin'ny sidin'ny 4 Desambra 2017.

Midika izany fa tavela any amin'ny CheapOair ilay vola nantenaina hiverina. Tsy nisy resaka intsony iny mandrapiveriko tany Darwin.

Ny harivan'iny dia nahazo mailaka avy tamin'i Mary aho. Nosokafako izany. Nanontany izy raha nisy tombokase nilaza fa mponina tao Aostralia izahay, izany mantsy no antoka ahafahanay miverina miditra ao Aostralia rehefa hody any Darwin. Olana hafa koa ity.

Na dia efa nangataka torohevitra avy tamina mpahay lalàna momba ny fifindra-monina aza izahay mialohan'ny nanaovana ity dia mankany Madagasikara ity, dia mbola tsy natoky tena foana aho noho ireny olana rehetra nitranga ireny. Nosokafako ny taratasiko ary nodinihiko tsara ny soratra tao amin'ny visa-nay.

Toa ara-dalàna avokoa ny zavatra rehetra ka mino aho fa afaka miditra ao Aostralia soa aman-tsara izahay. Ny visa-nay manko dia nanan-kery hatramin'ny Jolay 2019. Ho fanampin'izany dia nanana visa tetezamita koa izahay ahafahanay mipetraka elaela kokoa ao Aostralia mandrapahazo ny visa tsy manam-petra. Novaliako ny mailak'i Mary ka nilazako fa tsy misy nampanahy.

Nijanona tao an-trano izahay iny alina iny, naka aina taorian'ny dia tongotra lavabe iny. Ontsa ery nieritreritra ny faharerahan'i Lolo sy Sissi. Nilalao karatra izahay, nifampihanihany teo, nijery fahitalavitra. Nahafinaritra ny fotoana niarahanay mianakavy tamin'io alina io. Toy ireny nofy ireny mihitsy. Faly avokoa ny rehetra, ary i Lolo aza nilaza fa te-hijanona taty Singapour. Notereko hatory tamin'ny 11 ora alina izy rehetra satria tonga dia novonoiko ny jiro.

Nanana lahasa manokana i Lee ny ampitson'iny ka tsy afa hiaraka aminay ka tsy maintsy nanomana programa ho anay izahay minakavy kely.

****

Saram-pandefasana Vola

Ny talata 12 Desambra 2017 dia nanapa-kevitra ny hijanona tao an-trano izahay rehetra, mba hiala sasatra taorian'ilay dia tongotra be omaly sy mba hiomana amin'izay fitsidihana mety ho avy manaraka eo. Nanampotoana kely izaho sy i Ella hikarakarana taratasy. Nifoha maraina be izahay roa ary niaraka nivavaka nialohan'ny nijerevanay ny teti-bola.

Nojeren'i Ella tamin'ny findainy ny lisitry ny fandefasam-bola nataony tao amin'ny banky. Nisento lalina tampoka izy sady nilaza hoe : "Oadray, nahoana no misy fisitomam-bola telo fanampiny mampiahiahy ato amin'ny kaontiko kanefa iray ihany no nataoko hatramin'izay nialantsika ny seranana Changi?"

Hay nisy saram-pandefasana vola kay ireo fandoavam-bola iraisam-pirenena rehetra natao tany Singapour – AU$87 tamin'ny famandrihana vaovao natao tao amin'ny CheapOair, AU$47 tamin'ny famandrihana nankany Darwin tao amin'ny Jetstar ary AU$29 tamin'ny naka vola teo amin'ny vata fisitomam-bola raha iny nitady sakafo tany an-tanàna iny izahay nandritra ny fangatahana visa Thailand ny herinandro lasa teo.

****

Lamandy

Raha nahare izany i Lee dia nampindram-bola anay. Haverinay izany rehefa tafatoetra soa aman-tsara any Darwin indray izahay. Tsy voatery handoa saran'ny fandefasana vola iraisam-pirenena intsony izahay amin'izany.

Tsy mbola nitsahatra teo anefa ny tebiteby. Nahazo simaiso avy tamin'ny mpiara-monina any Darwin i Ella nilaza fa misy valopy menamena voaray avy amin'ny paositra. Toa sazy noho ny tsy fanarahan-dalàna ara-pifamoivoizana ny fijery azy araka ny sary azon'i Ella. Tsaroako mantsy ilay fihodinana voarara nataoko tamin'izahay namahana ny fiara tao Parap Darwin andro vitsy talohan'ny nandehananay hiala sasatra aty singapour.

Tsy mba nandika lalàna tamin'ny fifamoivoizana izany mihitsy aho teo amin'ny fiainako raha tsy ity indray mitoraka ity, hany ka tsy azonay an-tsaina ny mety ho sandan'izany any Aostralia. Ny hany fantatray dia ny hoe vesatra hafa manampy ny zioganay efa mby tsy ho zaka indray ity.

Tsy vitan'izay, fa mbola nahazo mailaka avy tamin'ny namanay tao NSW koa aho. I Bob vadiny indray no nanoratra tamin'ity indray mitoraka ity. Tena nasiaka ny fiteniny.

****

Aloavy Ny Trosa

"Dinidinika" no lohatenin'ilay mailaka. Ny tao anatiny kosa anefa dia fiangaviana ahy mafy hamerina eo no eo ny ambin'ilay vola nampindramin'i Mary an'i Ella ary handefa ny lamina fandoavana ny ambin'ny vola. Tsy nampoiziko hitranga mihitsy izao. Tsy nolazaiko an'i Ella anefa izany.

Tsikaritr'i Ella ihany anefa fa niova ny endriko, ka nanontany ahy ny anton'izany izy. Nasehoko azy ilay mailaka. Latsaka ny ranomasony. Tena mora mitomany ny vehivavy, kanefa izany koa no antony mahatonga azy ireo ho mahazakadona sy tsy lany hevitra.

Nambarako an'i Ella fa rariny a raha nitomany izy tamin'izao toe-javatra izao. Niala tsiny taminy koa aho noho ny nitondrako azy tanatin'izao olana rehetra izao, ary nampanantena azy fa tsy hoela dia hisava izao aizina izao. Nampaherezko izy, notaritiko hijery ny zava-bitan'Andriamanitra taminay hatreto. Nanararaotra niala sasatra izahay, ato amin'ity trano fandraisam-bahiny avo lenta ity, aty amina firenena isan'ny malaza sy tsara indrindra maneran-tany. Nitovitovy tamin'ny laninay tany Darwin ihany koa ny saran'ny fiainana teto ka tsy tokony dia hampiferinaina loatra.

Nahita seho krismasy isan'ny tsara indrindra teo amin'ny fiainanay izahay taty Singapour, ary nahita namana tety an-toerana nanampy anay. Notsindriako manokana ny hafalianay sy ny an'ny ankizy. Afaka nijery ny lafitsaran-javatra amin'izay izahay, ary nino fa hanaraka eny ihany ny zava-tsoa, tsy hoela. Nanome toky azy aho fa hahita vahaolana.

****

Fanantenana ny amin'ny Fiantohana ny Dia

Mety mihevitra angamba ianao hoe tena nofy ratsy ilay niainanay tao amin'ny hopitaly. Raha ny fahitako azy kosa dia efa fitarihan'Andriamanitra anay izany! Efa nanoratra mailaka ho an'ilay trano fiantohana ny dia aho efatra andro lasa izay, ary mbola miandry ny valiny foana ankehitriny.

I Ella no mpiandraikitra ka natao tamin'ny adiresy mailakany ny fifaneraserana momba izany. Nanokatra ny findainy izy rehefa avy nandro. Koa indro fa nandefa mailaka nisy ny laharan'ny fifarainana sy taratasy hofenoina ilay mpiantoka.

Naka fotoana tsara aho nialohan'ny namaliako azy, ary nangataka torohevitra tamin'i Lee mihitsy aza. Ny hariva aho no namaly azy ireo. Nambarako fa mbola aty ivelany izahay ary naniry ny hiandry ny fodianay any Aostralia vao hameno ny taratasy fangatahana rehetra.Vaovao tsara nanaisotra ny adintsain'i Ella izany.

Nahafinaritra ny fotoana niarahanay tamin'i Bebe, renin'i Lee. Torak'izany koa ny tao an-trano. Niara-nidina tany ambany i Sissi sy i Lolo ary ny tenako hividy vatoaratra hatao amin'ilay kilalaon'i Lolo. Fanomezana azony tamin'ny tsingerintaonany mantsy iny, ka nikasa hilalao izany niaraka tamin'ny havany tany Madagasikara izy. Izao anefa izahay tavela teto Singapour ka nanjary niara-nilalao tamiko sy ny zokiny izy sisa. Tena nahafinaritra anefa izany.

****
Manala Azy !

Alarobia ny andro, niaina toy ny tompon-tany amin'izay izahay. Tsy afaka niaraka taminay i Lee, ka nanome torolàlana sy saritany ho anay fotsiny izy mba hahafahanay mankany SENTOSA, ilay toerana fizahan-tany malaza indrindra eto Singapour. Efa nividianan'i Lee karatra fivezivezena MRT koa izahay, ka nanomboka nampiasa izany. Arakaraky ny halavirana ny haben'ny fahana lany amin'ny saran-dàlana tamin'izany.

Feno olona ny seranana metro. Sarotra ny mitady lalana ao, efa raharaha sarotra mihitsy ka nifampizaranay ny andraikitra. I Sandy no tena havanana amin'izany fijerena saitany izany. Rehefa vita ny zotra voalohany tamin'ny metro, dia nila naka fiaran-dalamby hafa izay nandeha tambonin'ny tongo-tokana indray izahay.

Efa niditra soa aman-tsara izy roa vavy zoky, nampiasa ny karatra MRT. Fa i Ella kosa niezaka nampiditra an'i Sissi. Nila nandoa tapakila misanda SGD4 isan'olona manko vao tafiditra ao amin'ny Sentosa. Voatery niandry roapolo minitra aho vao nahazo ny tapakilan'izy mianadahy farany, ny roa lehibe kosa niandry anay tao anaty fefy. Amin'ny maha fianakaviana anay mantsy dia niaraka foana izahay.

Nony tafiditra ny rehetra, dia niaraka nankany amin'ny toeram-pilalaovana Wonderland izahay. Rehefa avy nitaingina ireny fiarandalamby ireny izahay dia tonga teo amoron-drano indray. Mpaka sary maro no nitsena anay teo, nilaza izy ireo fa afaka maka sary maimaim-poana izahay. Efa nahiako fa hanery anay handoa vola ireo ao aoriana kely ao, hany ka nandà izahay. Nisisika anefa izy ireo, ka nanaiky izahay nony farany.

Segondra vitsy taorian'izay dia nampiseho sary maneho tsara ny fitsidihana an'i Sentosa izy ireo niampy kristaly boribory nisy ny sarinay. Nambarany fa afaka nandà izahay, fa raha te haka ilay sary kosa dia SGD40 ny vidiny. Tsy liana tamin'izany i Ella, izaho kosa anefa nahita fa tsara ihany ny manana izany ho fahatsiarovana. SGD30 no nahazoanay azy. Teo no tena nanomboka ny fety.

Tsy nisy andoavam-bola ny fitsidihana. Maimaim-poana avokoa ny fiara fitaterana, ny fiaran-dalamby sy ny tora-pasika. Nandoavam-bola kosa ny niditra tao amin'ny tontolon'ny Universal Studio, ny nitaingina ireo lamasinina, ny nitsoraka anaty rano sy ny ohatr'izany.

Nankany amin'ny Universal Studio aloha izahay, naka sary teo, avy eo nankeny amin'ny farihy "Lake of a dream," avy eo teo amin'ilay liona lehibe nialohan'ny nandraisanay ny fiaran-dalamby nankeny amin'ny torapasika. Teny izahay no nilalao ranomasina, tsy mba natahotra voay izany. Raha nanam-bola izahay dia mety ho betsaka kokoa ny zavatra nataonay. Na dia izany aza dia nahafa-po sy nahafinaritra foana ny fotoana lany teny. Toa fohy ery ny fotoana rehefa faly iny ianao.

"Ity no andro tsara indrindra teo amin'ny fiainanay" hoy i Grace sy i Lolo. Tamin'ny 3 ora hariva vao nody izahay fa afa-po sady reraka. Sentosa foana no resaka iny hariva iny. Faly ery izahay nahavita nandeha irery, tsy nisy nitarika.

Natory aloha izahay, afaka ny sorisoriko nahare an'i Ella nankasitraka sy nilaza hoe tsy malahelo intsony izy fa efa zavatra tsara lavitra noho ny noeritreretiny no nomen'Andriamanitra azy tamin'ity vanim-potoan'ny Krismasy ity. Natory tsara aho iny alina iny, ary inoako fa toy izany koa ny hafa.

Misy Zavatra Tsara Manangasanga

Ilay fahafahana monina mandrakizay ao Aostralia no resaka eto.

Toy ny mahazatra dia nifoha maraina aho ny alakamisy. Nony vita ny vavaka maraina dia nanokatra finday aho ary namaky ny mailaka voaraiko tao. Nahatsikaritra mailaka avy tamin'ny sampana aostraliana misahana ny fifindra-monina aho. Nangataka ny mombamomba ahy izy ireo hamenoana ny taratasy fangatahako visa tsy manam-petra. Vaovao tsara izany satria midika fa efa mandroso ny fangatahana nataonay.

Nanomboka azoazoko teo ny antony nitondran'Andriamanitra anay tanatin'ireny rehetra ireny. Tsy maintsy aterina ao anatin'ny valo amby roapolo andro ireo taratasy nangatahiny ireo. Ary raha tany Madagasikara izahay dia tsy maintsy nody haingana satria nila ny fahatongavanay tany Aostralia ireo taratasy sasany vao azo.

Tsy handriko ny ifohazan'i Ella mba hilazako azy izany vaovao mahafaly izany. Tena afaka ny ahiahiny. Izy rahateo ilay te hanajanona ny dia mankany Madagasikara raha iny mbola nisisika hanohy amin'ny volana Janoary 2018 iny aho. Ny 2 Febroary 2018 manko ny fidiran'ny mpianatra.

****

Fahadisoam-Panantenana Tany Madagasikara

Tsy haiko visavisaina ny hakivian'ny zanako, ary tsy tiako ho very maina fotsiny ny fanomanana nataon'ny fianakaviana rehetra handraisana anay any an-tanindrazana. Narenin'ny zandriko lahy sy ny zaodahiko ny tranon'ny reniko tamin'ny vola kely voatahirin'izy ireo.

Nanao fanadiovana faobe tao ny anabaviko hahalavorary ny fahatongavanay. Namboarin'ny zaodahiko ny fiarany mba hahafahanay mivezivezy any Madagasikara. Ny zaobaviko kosa nifindra trano mba hahafahana mandray ny fianakaviana rehetra mamangy.

Efa nanomana fitsidihana ho ahy sy ireo namako nankany Moramanga sy nikarakara fety ho anay ireo mpiara-miasa tamiko taloha.

Ireo mpiara-mivavaka taminay moa efa naniry ny

hahita anay indray koa, satria a vavolombelon'ny finoana mihitsy ny fiarahanay niaina tamin'izy ireo. Toa tsara loatra izany rehetra izany ka tsy ho vita ny hanajanona azy fotsiny ity dia ity, ary indrindra indrindra, naniry mafy aho ny hamarana ity tantaran'ny diabenay ity amin'ny fifaliana.

****

Fitsangatsanganana Nahafinaritra

Vaovao tsara no nanombohana ny andro. Nanantena aho fa mbola maro koa ny fifaliana ho avy. Nikasa hitondra anay any amin'ny valan-javaboaary tao Singapour i Lee. Ny fitsangatsanganana eny amin'ny AQUARIUM no tena nifantohanay. Nitaingina fiarandalam-by izahay; avy eo nandeha fiara fitaterana koa nankany. Tsy manam-paharoa iny dia iny.

Tsy mbola nitsidika dobo na nandeha tambany rano izany mihitsy izahay mianakavy. Nampihantàna mihitsy izahay teto Singapour. Sambany izahay no nahita voay velona tena akaikin'ny dobon-trondro. Nahita ireny "trondro elektrika" ireny koa izahay, sy trondro ngezabe, ary indrindra indrindra, nahazo fitaterana hitsidihana maimaim-poana ilay valan-javaboaary iray manontolo koa. Tamin'izany no nahitànay ireny biby lehibe avy any Afrika ireny toy ny: hipopotama, ny bera monina any amin'ny tany mangatsiaka, eny fa hatramin'ny zirafy aza.

Hoy i Sissi: "Ito no andro tsara indrindra teo amin'ny fiainako". Mofo sy lamàtra no nohaninay atoandro. Tany amin'ny "aquarium" izahay no namarana ny andro, nijery ny namokisana ireo liona an-dranomasina. Tena tsara hakàna aina sy hibanjinana ny hatsaràn'ny fiainana an-dranomasina ity toerana ity.

Tamin'ny 3 ora hariva teo no nandeha nody tamin'ny fiara fitateram-bahoaka izahay. Natoritory adiny telo izahay; avy eo nihinana voankazo, sakafo hariva tany amin'i Nenibe. Dia nanainga indray izahay fa misy programa hafa koa hatao.

Nandeha irery tany amin'ny tora-pasika "Marina Bay Sand" izahay iny hariva iny hijery ny fampisehoana jiro mandihy. Tonga aloha izahay ka nakanaka sary sy niantsena kely. Nitsaoka Ingahibe noely rehefa nahita anay kanefa ny ankizy mba saika hiaraka haka sary taminy. Tsy rariny kosa e! Nilatsaka ny orana ka nihevitra ny rehetra fa tsy hisy indray ny fampisehoana jiro. Hay dimy amby folo minitra taty aoriana dia nisava indray ilay rahona ary maina indray ilay toerana.

Dimy minitra teo ho eo no nipetrahanay dia nanomboka ny seho. Feo midoboka avy tamin'ireo vata fampielezam-peo no nanombohana azy. Nandeha ny tifi-drano, toa ampandihizina izany ilay izy. Ny hamandoan'ny rivotra naterak'iny no nitarafana jiro ka nanjary fampisehoana niavaka tokoa. Feno jiro mitaratra aviy ao amin'ilay tranobe miendrika sambo, ilay foto-drafitr'asa lehibe sy mahagaga indrindra eo an-toerana. Mila mankany Singapour mihitsy ianao hijery izany, tsy ho haiko ny hitantara ny hita tany amin'ny antsipiriany fa mivavaka aho mba hahita izany koa ianao any andro iray.

Naka sary izahay mba hizarana ny tsirony anao mpamaky io. Dimy amby folo minitra teo ho eo ny faharatenan'ny fampisehoan fa oarakitra mandrakizay tao am-ponay kosa izany fahatsiarovanay izany. Samy niaiky izahay nony nody fa iny no fankalazana Krismasy tsara indrindra niainanay hatrizay.

Veloma ry Paradisan'ny Orkide

Tonga ihany ity ny fotoana handaozanay ity firenena mahafinaritra ity. Toerana nahitanay olana maro, nefa koa nahazoanay ny fanomezana Krismasy tsara indrindra tamin'ny fiainanay. Amin'ny 11 ora alina no tokony hanainga ny fiaramanidina mankany Darwin. Nangorona entana izahay ny maraina tontolo, ary niala tao amin'ny trano fandraisam-bahiny ka nametraka ny entana rehetra tany amin'i Nenibe.

Nanapa-kevitra hijanona any amin'ny zaridaina botanika izahay mandra-paharivan'ny andro. Tsy dia nahasarika loatra ilay toerana tamin'ny voalohany, niha-nahafinaritra hatrany anefa izay nojerena rehefa niditra lalindalina kokoa. Naka sary hatrany izahay ho fahatsiarovana.

Tsikaritray fa maro tamin'ireo mpiasa tao amin'ilay zaridaina no efa nahazo taona. Tsy dia misy fanampiana ho an'ny sahirana manko any amin'ity firenena ity, satria efa nanazatra ny mponiny hamelontena sy tsy hiantehitra amin'ny hafa. Iriako ny mba hahitanao ny fahadiovan'izany toerana izany!

Nandroso lalindalina kokoa ihany izahay ka tonga teo amin'ilay paradisan'ny orkide. Tena nampitolagaga e! Fatra-pitia Orkide mantsy i Ella ka tsy ariny mihitsy raha tsy naka sary teo izy. Satriny azany hitondra ny orkide rehetra any an-trano.

Nandeha ny fotoana ka poa toy izay dia efa tamin'ny 3 ora hariva sahady ny andro. Nila niverina tany amin'i Nenibe izahay. Faly sady afa-po tokoa izahay mianakavy, ka vonona tsara amin'izay ny hiverina any Darwin. Mba tsy tanam-polo aloha no entina mody any Aostralia. Mifanohitra tamin'izany aza no zava-misy; misy hotantaraina tsara izahay rehefa tonga tany. Niara-nisakafo farany tamin'i Lee mianakavy izahay. Nankafy faramparany ny *rambutan* (letchis sinoa) vitsivitsy teo an-tanany i Sissi. I Grace kosa nihinana farany ny voankazon-dragona (dragon fruit). Nisaotra an'I Lee mianakavy izahay ary nisaotra an'Andriamanitra aho. Rehefa vita izay dia nanainga nankany amin'ny seranam-piaramanidina izahay.

    Nihazakazaka tokoa ny fotoana, satria poa toy izay dia efa niondrana ho any Darwin izahay. Hafa tanteraka anefa ny fihetseham-ponay – tony sy mirana. Faly ery i Ella, nankafy ny fiaingana sy ny fiantsonan'ny fiaramanidina. Izaho kosa mbola very hevitra kely ihany, saingy efa tsy dia nanahy be intsony. Fantatro fa efa nanao izay rehetra azoko natao aho.

TOKO 16 MIVERINA MANOMBOKA TANTARA VAOVAO

Inona Indray Ny Manaraka?

Tamin'ny 5 ora maraina no nibedana tao Darwin izahay, ary tamin'ny 6:30 maraina izahay vao tafavoaka ny tobin-tseranana. Nisy olana nampitaintaina kely mantsy ny pasipaoron'i Ella. Noheverinay fa mahakasika ny visa indray ilay olana. Soa ihany fa niravona vetivety izany. Duncan, ilay mpiara-mivavaka taminay no nandamina ny fitsenana anay ka tao anatin'ny adiny iray monja dia efa tonga soa aman-tsara tao an-trano avokoa izahay.

Nisaotra an'I Duncan izahay. Ilay valopy menamena no tsikaritray voalohany tao an-trano. Nosokafako ilay izy ka araka ny efa nampoizin'i Ella dia lamandy misanda AU$280 no tao. Fandaniana hafa vaovao indray koa ity ho fanampin'ilay trosa miavosa nateraky ireny fihodinan-javatra efa fantatrareo ireny. Nahagaga anefa fa tsy mba nanome tsiny ahy akory i Ella. Niova tanteraka izy.

Fantany tsara fa mety hanasarotra ny fangatahanay visa ny tsy fandoavana io lamandy io, hany ka nanolotena ny handoa izany lamandy izy ny androtr'iny ihany. Teo no ho eo ihany koa dia naloany ny ampahany tamin'ilay vola nindraminay tamin'i Mary tany Singapour. Nila nandinika ny teti-bola aloha izahay vao afaka nanapa-kevitra ny amin'ny trosa ambiny. Izaho rahateo mbola mila mitaky ny famerenam-bolako any amin'ny CheapOair.

Nankany am-piangonana aho ny alahadin'iny. Tsy nazoto handeha ny hafa satria reraka izy ireo, fa indrindra koa, menatra. Nihevitra izy ireo fa miangatra Andriamanitra.

Nanantena ny hahita anay mianakavy anefa ny mpiara-mivavaka fa novaliako fotsiny hoe "reraka loatra ry zareo ka tsy tonga".

****

Miasa avy Hatrany

Tsy maintsy niasa avy hatrany aho mba hanavotana ny andro tsy fiasako (congé) sisa tavela. Tsy mbola niasa aho ny alatsinainy maraina fa nanararaotra nandamina ireo taratasy rehetra tamin'ny fiantohana ny dianay teo iny, sy ireo taratasy fanampiny ilaina tamin'ny fangatahana visa tsy manampetra eto Aostralia, ary ny ireo dinidinika samihafa mahakasika fahasalamana. Nila porofo tamin'ny fahaizana miteny anglisy i Ella mba hanohanana ny fangatahana io visa tsy manampetra aostraliana io.

Mbola tsy nahavita ny Cert III izy, noho izany dia mety ho takiana aminy ny fanaovana fitsapam-pahaizana IELTS izay misanda AU$400 eo ho eo. Mety hitarazoka ny fikirakirana ny fangatahanay raha tsy manana izay porofo izay izy.

Rehefa novakianay ny torolalana mahakasika izany dia tsikaritra fa mety koa ny taratasy fanamarinana avy amin'ny sampam-pianarana teny anglisy ho an'ireo olon-dehibe mpifindra monina (AMEP). Na dia izany aza, amin'ny fomba ahoana moa no hahazoany an'izany taratasy izany fa mihidy avokoa ny birao rehetra noho izao fotana fialan-tsasatry ny mpianatra izao?

Vehivavy be herim-po i Ella ka tsy mba mora mihemotra izany. Nankany amin'ny oniversite izy mba hangataka ilay taratasy. Indrisy anefa fa tsy ny Oniversite an'i Charles Darwin (CDU) intsony no mampiantrano ilay tetik'asa AMEP. Nandaniany 510 ora nianatra teny anglisy tao mantsy I Ella. Soa ihany fa nanoro hevitra azy ilay mpiandraikitra tao amin'ny oniversite ny amin'ny hanatonany ilay toerana vaovao miandraikitra ny AMEP any Casuarina. Avy hatrany dia nankany i Ella ka dimy amby folo minitra nialohan'ny nikatonan'ny birao no tonga tany izy. Nohazavainy ny mombamomba azy ka nanaovan'ilay mpiandraikitra seritifika izy. Voavaha izany ny olana tao anatin'ny roapolo minitra.

Nanao ny fangatahana fanamarinam-pahamendrehana avy tamin'ny polisy izahay ho fame'on'ny fangatahana visa tsy manam-petra aostraliana. Nahagaga fa voaatitra ara-potoana avokoa ireo taratasy nilaina rehetra.

Tao anatin'izany rehetra izany dia toa very ny ankizy tamin'ny fankalazana ny krismasy. Tsy nivonona hanao Krismasy aty an-trano mantsy izahay. Tsy toerana natao hankalazana Krismasy loatra i Darwin – babangoana ny tanàna satria lasa niala sasatra tany an-toeran-kafa avokoa ny olona. Ireo sisa nijanona kosa tsy nanao fety makotroka..

Mba nikasa handao ny tanana ity ny tena kanjo tavela eto ihany ka inona moa no azo atao fa dia izay kely ananana no ahiratra hoy ny fitenin-drazana izay. I Grace no nanangana ny hazo noely, i Sandy no niandraikitra ny fanaingona rehetra. Nifandray bebe kokoa izy roa vavy vokatr'izany, nitombo ny hafanam-ponizy ireo momba amin'ny krismasy. Nividy haingon-kazo vitsivitsy aho ka tao anatin'ny roa andro monja dia nahavita nanangana hazo noely tsara tarehy izahay.

****

Fitsidihana an'i Kakadu

Tsy mora taminay ny niaiky hoe fotoana nahafinaritra sy vaovao tsara no namarana ireny sampona niainanay ireny. Marina fa nangingina ny fankalazana Krisimasy, kanefa feno ny fo. Tsikitsiky no nandravaka ny endrikay tsirairay avy ny hariva niaraka tamin'ny namanay eto Darwin.

Taorian'ny 26 Desambra, dia nitaona anay handeha hiaraka aminy ho any Kakadu i Duncan. Kakadu ialy toerana malaza misy tahirin'ala sy vakoka mendrika hotsidihina indrindra aty amin'ny Faritra avaratr'i Aostralia. Nisy hotely iray nanao tolotra manokana ho an'ny fianakaviana tany. Tsy dia sahy nitsidika toerana taty Darwin aho satria sady sarotra no lafo ny mitondra akohonana toy ny ahy mandeha lavitra. Nandeha ihany anefa izay tamin'ity indray mitoraka ity.

Telo andro no nijanonanay tany Kakadu. Nitandrina tsara izahay teny an-dalana. Hafaliana no niainanay tany. Afaka mirehareha ho tompon-tanana amin'izay izahay ankehitry satria efa mba misy tantaraina ankehitriny raha sendra anontaniana ny zavatra tsara misy ao amin'ity faritra avaratr'i Aostralia ity.

Tiako ny mihainao tantara tsara fiafara ary inoako fa toa izany ko ianao. Nankasitrahako ny koa fahendrena azoko tanatin'ireny fahasahiranana rehetra ireny.

TAPANY FAHENINA
FIOVANA METEZA HO FIOVANA

TOKO 17
FANDINIHAN-TENA

Doko Roa

Tonga niarahaba anay ireo namanay Malagasy eto Darwin. Tonga niaraka tamina mpifindra monina vaovao i Nenitoa Lila, Ragasy no anarany, sady teratany malagasy izy no amerikana koa. Vao tsy ela no nahatongavany teto Darwin hanohy ny fianarany eny amin'ny Oniversite. Efa nanadino ny maha-malagasy azy ity farany fa nirehareha tamin'ny fifindrany monina tany Amerika. Nitantara ny fiainanay sy ny fahasahirananay tany Singapour izaho sy i Ella. Gaga i Nenitoa Lila. Niombon-kevitra taminay izy fa tsy mbola fotoana tokony hodianay tany Madagasikara izao fotoana izao nony reny ny fandrosoan'ny fangatahanay visa tsy manam-petra.

Nambaran-dRagasy fa toerana azo tsinotsinoavina i Madagasikara ary tsy misy ilàna ny pasipaoro Malagasy akory aza. Raha ny heviny aza dia tsy ilaina akory hanoloan'i Nenitoa Lila ny pasipaorony malagasy satria efa manana pasipaoro aostraliana izy. Nanontaniako azy ny heviny mikasika ny momba anay. Aza mivoaka an'i Aostralia hoy izy mandra-pahazo ny pasipaoro aostraliana. Efa-taona farafahakeliny anefa vao mety hahazo ny zompirenena aostraliana izahay. Tsy rariny izany hoy aho. Tsy nataoko nahakivy anefa izany satria firenenam-pahafahana I Aostralia ka manajo haneho ny heviny ny tsirairay. Tohona satria nahatsiaro tsy manan-danja koa aho raha nilaza izy fa tsy manan-danja ny pasipao Malagasy – Malagasy aho ary mirehareha amin'izany. Reniko i Madagasikara ary vadiko i Aostralia. Samy tiako ireo, fa fitiavana roa samy hafa.

Efa roapolo taona izao no nivezivezeko eran-tany sy nampiasako ny pasipaoroko malagasy. Nahazo visa foana aho na dia sarotra aza izany indraindray. Raha tsy misy dikany i Madagasikara, nahoana ny zanako no lohandaharana foana any am-pianarana?

Raha tsy manan-danja tokoa i Madagasikara, nahoana no maro ireo vahiny maniry hanorim-ponenana ao? Nahoana i Madagasikara no voasokajy ho isan'ireo toerana mahasarika mpizaha tany betsaka maneran-tany? Nahoana izy no voasokajy ho firenena faharoa mahasarika ny mpampiasa vola indrindra eto Afrika? Fantako fa mahantra ara-bola ny fireneko, kanefa tsara lavitra izy raha ny fiarahamonina sy ny fomba fankafizana ny fiainana no jerena.

Raha mbola tsy mitsahatra manamavo ny fireneny ny Malagasy fa tsy manomboka fiovana lehibe, toy ny nataon'ny teratany Singapourana amam-polo taona lasa izay, dia mbola entin'ny olona amin'ny tsy rariny foana i Madagasikara.

Resaka Visa ilay Raha

Lasa ireo vahininay roa satria efa alina ny andro. Tsy mba nahita tory kosa anefa aho. Teny iray no nameno ny eritreritro tao anaty aizina tao – *visa*. Indro zaraiko aminao ny vokatr'izany fandinihako izany.

Ankoatry ny fahaterahana sy ny fahafatesana dia mila visa mandrakariva ny olombelona amin'ny fiainany manontolo. Mety ho tombo-kase ao anaty pasipaoro io, na rafitra elektronika mandrindra ny fidiranao amina firenena iray. Mety ho eny amin'ny maso na amina karatra kely izany any aoriana, na mety koa ho teny maneho ny fahatokisanao sy ny fahavononanao hankatò ny fomban'ny firenena iray. Raha tsy notakiana izany ianao, dia mety efa manana azy tsy nahy avy tamin'ny razambenao, na tombotsoa azonao manokana noho ny toeranao eo anivon'ny fiarahamonina.

Ankehitriny koa dia mila karatra Visa ianao raha hikirakila vola, na aiza na aiza eto ambony tany,. Tsy mila visa kosa ianao raha ho teraka, fa ilainao izany rah atehisitraka ny tombotsoa ao amina firenena iray ianao.

Tsy mila visa ianao raha ho faty, indrindra amin'izao fotoana nanakenn'ny firenena maro ny famonoan-tena noho ny lafiny ara-pahasalamana. Mila visa kosa ianao rah tehisitraka ny fiainana mandrakizay.

****

Miova mba Hanova

Efa manakaiky ny faran'ity tantara ity isika. Soa ihany fa tsy mbola mifarana eto ny fiainako izay angamaba hitanao fa tena maro loko tokoa. Dingana iray teo amin'ny fitomboako ho amin'ny fahamatorana sy fieritreretana ary finoana ity diabe ity. Avy amin'ny firenena anisan'ny mahantra indrindra ny pasipaoroko, ka tsy afaka ny hanantena tombotsoa avy amin'ny firenen-kafa loatra aho. Ary tsy hiova izany toejavatra izany raha tsy manolo-tena hanarina ny firenena ny governemanta sy ny olom-pirenena malagasy.

Tsapako fa matetika dia mety ho hafa tanteraka amin'izay nantenaina no zava-mitranga. Nefa amin'ireny dia efa nanomana zavatra tsara lavitra noho izay noeritreretinao Andriamanitra. Lalana sy andram-piainana izay mitondra anao any amin'ilay tanjona kendrenao. Mifehy ny zava-drehetra Andriamanitra, ary tsy mitaredretra ny valin-teny avy Aminy.

Tohina ny foko nahita fa tsy nanafaka ahy tamin'ny fanavakavahana niainakoa tany Madagasikara ny fifindrako taty Aostralia. Ny tena marina dia sokajian'olona ho mahery setra, tsy azo itokisana ary mahantra mandrakariva ny olona mainty hoditra toa ahy. Izaho anefa nahita fotsy hoditra manana izany toetra izany koa, ka nahoana ary aho no tokony mahatsiaro tena ho ambany?

Indrisy fa zioga mavesatra napetraky ny tantaran'ny zanak'olombelona ny fanavahana miorina amin'ny fihodirana. Na dia maro aza ireo firenena nahitana fivoarana lehibe teo amin'ny fanafoanana ny fanavakavahana amin'ny endriny rehetra, dia mbola olana iraisam-pirenena ihany ny fanavakavaham-bolon-koditra mandrak'ankehitriny. Ireo mahatsiaro voahilika ihany anefa no voakasik'izany.

Indraindray dia ireo olona mainty hoditra mihitsy no mitaiza ny toe-tsaina hoe miangatra ny fiainana ka zary manava-tena hoazy. Mahakivy izany.

Nilofo nihazona ny hambompoko aho ary namelona ny fanahiko tsy ho kivy. Niasa mafy aho mba hiavaka amin'ny rehetra ary nikely aina mba ho olona nahatoky mandrakariva. Izany no nahafahako *niaina ny nofy aostraliana*.

Misy ny zavatra izay tsy ho voaovanao anatin'ny indray alina. Vao mainka handrava ny fifalianao amin'ny fiainana ny fifantohana be loatra amin'izany. Matetika anefa dia tsy lavitra anao akory ny vahaolana. Ho ahy manokana, dia ny tsy fahatokisan-tena no olana tamiko. Izany anefa tsy hodadiavina lavitra fa efa tao anatiko tao ihany. Ny hany sisa nilaiko dia ny miaina sy mapivelatra amin'ny maha izaho ahy na aiza na aiza alehako, na aiza na aiza misy ahy, na aiza na aiza onenako.

Firenena mahafinaritra i Aostralia. Mahay mandray olona tokoa ny mponina aty. Fahalalahana sy ny fitovian-jo no vato fehizoro iorenan'ny governemanta sy ny lalàna. Mahay miara-monina ny samihafa firazanana aty Darwin. Izany no manaporofo fa mahomby ny fampanjakana ny fahalalahana ao amin'ity firenena ity. Na dia izany aza anefa dia mbola im-betsaka ihany aho no niharan'ny fanavakavaham-bolon-koditra taty. Midika izany fa zavapoana ireo lalàna mikasika ny fahalalahana sy ny fitovian-jo raha tsy mbola ny olom-pirenena mihitsy no vonona hampihatra izany, hahatonga izany ho kolotsaina. Nambinina tokoa aho noho ireo olona maro, samihafa fiaviana, nanohana sy nanampy ahy ka nahafahako nahita sy niaina ny hatsaràn'izany firenena mampanjaka ny rariny izany. Sambatra aho fa miasa anatin'ny fitondrana manome lanja ny fahasamihafana sady mampihatra izany eo amin'ny sehatr'asa rehetra.

Resy lahatra aho fa na aiza na aiza alehanao, dia tsy maintsy hisy namana mandrakariva miandry anao, namana izy miandry anao hikopa-tanana fotsiny mba hahafahany manampy anao. Iraka avy any an-danitra izy ireny, nirahina hanampy anao. Tsaroako tsara fa tamin'ny fotoana naha irery ahy sy nahakivy ahy, dia teo foana ilay namana iray tsy hita maso nibitsika hoe: *Tsy maintsy hisy ny vahaolana io rahalahy a...!* Iny feo iny no manampy ny olona tsirairay avy hiroso lalindalina kokoa amin'ny famantarana ny hatsaràn'ny fifandraisana amin'ilay Andriamanitra Avo.

Ity tantara ity dia nahafahako nandray ireto lesona manaraka ireto:

Miaiky aho fa efa mandroso taona ka tsy afaka hiankina amin'ny fahombiazako teo aloha intsony rehefa hanapa-kevitra fa mila mahay mifampiresaka sy mifampizara amin'ny hafa mba ho hendry kokoa ny safidy atao.

Resy lahatra aho fa zava-dehibe ny fotoana iarahan'ny mpianakavy. Izany no fomba hikolokoloana ny fifandraisana sy ny fifaliana ao an-tokatrano. Tsy voatery hanao fitsangatsanganana lavitra sy lafo vidy foana akory vao hahavita izany.

Foana toy ny tsy nisy ity tantara ity raha tsy nosoratana.
Mitsambiki-mikipy izay milaza hoe "minoa fotsiny ihany" satria tsy ampy handinganana sakana ara-teknika izany na koa hanodidina ny lalàna ho amin'ny tombotsoan'ny tena manokana. Mampidi-doza izany ary mety hanabotry mihitsy aza. Fa ny marina ihany no marina, ary izay voasoratra dia voasoratra.

Na dia izany aza dia tombony mitondra lavitra anao mihotra ireo tsy mino ny fampaherezana entin'ny finoana indrindra rehefa tsy hay visavisaina iny izay zavatra ho avy.

Ny finoana no fitaovana mahatonga anao hanana toky fa ho tanteraka izay irinao any aoriana any, na dia sarotra aza ny maminavina izany ankehitriny. Ny finoana koa no mampitombo ny herin-tsainao sy mahatonga anao hanitatra ny saina ho tia karokaroka. Rehefa mitambatra izany rehetra izany dia ho hitanao fa hihatsara tsikelikely ny fiainanao, sady hisy olom-baovao hiara-dia aminao hamakivaky ny fiainana ary handresy miaraka ianao.

Ambonin'izany anefa, dia nampietana ny foko tokoa ny fitiavan'ny vadiko ahy mihoatra lavitra noho izay fiheverako azy. Tsy nanome tsiny ahy izy tamin'ireny hadisoako ireny, fa kosa nanohana ahy hatrany ary tsy mba nandao ahy mihitsy. Misaotra era-po sy era-tsaina ry vadiko a!.

Nanomboka teo dia resy lahatra i Ella fa ilaina foana ny mamaky ireo pitsopitsony rehetra voasoratra eo amin'ny tapakila, eny hatramin'ny sata mifehy ny fiantohana aza. Nanomboka nanokana vola hanaovana asa soa koa izy nanomboka teo, na dia misy aza ny zavatra kasainy hatao hoan'ny tenany satria tsy maintsy hisy foana ny tranga tsy ampoizina. Mety ho very ao anatin'ny iray minitra ny fananananao rehetra, eo no hahatsiarovanao ireo olona nangataka fanampiana taminao ka nolavinao noho ny fitiavan-tenanao. Mody milaza ianao fa tsy afaka manampy ireo havanao lavitra sy ireo namana sahirana, kanefa ianao nanam-bola handehanana any Madagasikara.

Taorian'izay dia namoaka ny heviny hatrany i Ella hanampiana ahy amin'ny fanapahan-kevitra horaisiko, indrindra rehefa iny manana tsindrimandry iny izy.

TOKO 18
ENIM-BOLANA TATY AORIANA

Tanteraka avokoa ireo nofinofinay rehetra, na dia tsy tamin'ny fotoana nantenanay azy aza. Nifindra trano izahay. Trano nahafinaritra, tsy lavitra ny sekoly (dimy minitra raha mandeha tongotra) sady roa minitra monja miala ny toerampiasan'i Ella. Nahafinaritra avokoa ireo mpiaramonina manodidina. Nihalehibe i Lolo ka naiditra an-tsekoly amin'izay. Nijanona tany tontolo andro izy ka nalalaka amin'izay i Ella nanao izay tokony hataony. Niala tamin'ny asa fanadiovan-trano nataony i Ella ka nanjary mpiandraikitra ankizy any amin'ny ankanin-jaza indray izy ankehitriny. Feno ny hafaliako.

Mandra-mpiandry ny visa tsy manam-petra vaovao, dia niampy enim-bolana indray ny fifanarahan'asako. Voaloa avokoa ireo vola rehetra notrosainay nandritra ny fialan-tsasatra lasa teo iny na dia tsy namerina ny volanay aza ny trano fiantohana. Ny vola azo avy tamin'ny andro tsy fiasako (conge) no nandoavana izany. Mbola afaka ampiasaina amin'ny fodianay manaraka any Madagasikara koa ilay tapakilanay farany teo. Tsara fiafara ihany ilay tantara marina. Iny iray iny no nifarana fa tantara vaovao indray no manomboka.

Ny maha-maintihoditra matetika dia adika ho mahantra, tsy mahay n'inona n'inona, tsy mahalala fomba ary tsy dia tsara ifaneraserana loatra. Kanefa maro ireo olona mainty hoditra no mifanipaka amin'izany mihitsy ary mikiry mafy mba hamiratra eo anivon'ny maro. *Black candies* no iantsoako azy ireny, ary anisan'izy ireny aho.

Ity boky ity dia nosoratana mba handraisana fitenenana, hanentanana ary hitondrana fanantenana ho an'ireo olona rehetra manirery any lavitra any ka tsy mba manana anjara masoandro eo anivon'izao fiaraha-monina moderna izao, na teratany izany, na mpila ravin'ahitra na olona nifindra monina.

Raha nahafinaritra anao ity tantara ity dia tanteraka ny faniriako. Kanefa ambonin'izay raha toa ka nanampy anao hitondra fiovana eo amin'ny fiainanao ity boky ity dia izay no tena fahasambarako.

Alo hery ary, mandehana tanteraho ny nofinao ary manana finoana hatrany satria amin'iny lalana hodiavinao iny dia hisy foana ady sarotra, saingy matokia hisy foana ihany koa namana izay vonona hanampy anao hahatratra ny tanjonao!

TENY FAMARANANA

Tonga tany Madagasikara ihany izahay taty aoriana. Sidina Ethiopian Airlines niainga avy tao Singapour no nandehananay. Lava ny dia. Voninahitra lehibe ho anay mainty fihodirana ny mitaingina fiaramanidina avy amina tambazotra afrikana. Efa nahazo mari-boninahitra maro momba ny kalitao rahateo izy io ka mampirehareha.

Tonga nitsena anay teny amin'ny seranana avokoa ireo havana rehetra. Tsy nisy niova ny tsikitsikin'izy ireo, nitombo kosa ny volofotsin'ireo ray aman-dreny sy ireo mpiray tampo. Efa lehibe avokoa ireo zana-kavana rehetra.

Novangianay daholo ireo namana sy havana nanampy anay fony izahay niainga hifindra monina ho any Aostralia. Tsy nody an-trano izahay matetika fa ampiantranoin'ireny tapaka sy namana ireny. Efa maherin'ny 3000 km ny lalana vitanay nandritra izay fialan-tsasatra izay. Dimy herinandro izahay no nijanona tao Madagasikara.

Novangiako avokoa ireo namako, sy ireo mpiara-miasa tamiko taloha. Faly izy ireo nandray ahy sy niarahaba ahy noho ny zava-bitako. Niara-naka sary izahay hatao fahatsiarovana izany fihaonana izany. I Fafa sy i Emile, mpiara-miasa tamiko, no nitondra ahy tany amin'ny tobim-pitrandrahana sy tany amin'ny taninjanakazo niandreketako fahiny. Tsy niova mihitsy ny zava-nisy tany hatramin'izay fotoana nialako tao amin'ilay orinasa izay. Teo no nahatonga saina ahy fa raha tsy iraisana amin'ny mpiara-miasa aminao ny nofinao dia ho rava eo fotsiny izay rehetra natsanganao rehefa injay tsy eo intsony ianao.

Niara-niala voly izahay, sady nankafy ireo sakafo nafilotra Malagasy no nibanjina ny hatsaràn'ny zavaboaharin'i Madagasikara. Amin'ny maha Black Candy ahy dia mbola nahatsiaro ho vahiny tompon-tany ihany aho saingy tamin'ity indray mitoraka ity dia afaka mirehareha aho satria nahatanteraka ny nofinofiko sady nahita ny zavatsoa natolotry ny fiainana.

Ny taona 2019 no azon'i Fanoo ny visa tsy manampetra ahafahany monina ao Aostralia mandrakizay.

Angelo Razafimamonjy na i Black Candy

Fantatrao ve ilay namako miafina?

Tsy hitanao izy

Nipoiranao izy.

Ao anatinao izy

Mbola hiafaranao izy

....

ANDININ-TSORATRA MASINA

Toko 1 HOENTIKO ANY IANAO Gen 12:1

Toko 2 NY FIANDOHAN'NY TANTARA Gen 2:12

Toko 3 MAHERY NY NOFY Marka 10:52, Jer 29:11, Marka 9:23

Toko 4 SAROTRA NY MANAO VELOMA Jak 2:18, Eks 3:22

Toko 5 MANDEHA TSY ANKIVERINA Eks 13:21

Toko 6 TONGASOA ATY AOSTRALIA Eks 3:17, Nom 14:8

Toko 7 TANY EFITRA NO MANDIMBY NY RANOMASINA Eks. 16:4

Toko 8 MISY NAMANA HATRANY HATRANY Sal 43:7

Toko 9 MITOLONA MBA HO VELONA Sal 23:4

Toko 10 ILAY MPANDRESY AO ANATINAO AO Job. 11:17

Toko 11 MIZOTRA MANKANY AMIN'NY FIAINANA MENDRIKA Oha. 10:22

Toko 12 ORAM-BARATRA SY MASOANDRO MIBALIAKA Oha. 23:5

Toko 13 DINGANA LEHIBE Deot. 11:24

Toko 14 HAZAKAZAKA TAO CHANGI Job 2:10

Toko 15 TONGASOA ATY SINGAPOUR Isa. 60:17

Toko 16 MIVERINA MANOMBOKA TANTARA VAOVAO Jos.1:3

Toko 17 FANDINIHAN-TENA Eph. 2:19

Toko 18 ENIMBOLANA TATY AORIANA Mark 9:23, Apo. 21:5

Famintinana

BLACK CANDY
Miova mba hanova!
"Ilay diabe mankany Aostralia"

Tranga nanala baraka tao amina trano fisakafoanana iray tany an-tanindrazany no nanosika an'i Fanoo hanapakevitra hifindra monina ho any Aostralia, ilay tany nantenainy fa hanjakan'ny fahafahana sy ny rariny. Leo ny fanilihana nihatra taminy tao an-tanindrazany mantsy izy. M*ainty hoditra izy ka* sokajian'olona ho mahantra, tsy manampahaizana, tsy mahalala fomba ary tsy dia tsara ifaneraserana. Kanefa maro ny olona mainty hoditra izay mifanipaka amin'izany tanteraka ary mikiry mafy mba hamiratra. *Black candies* no iantsoan'ny mpanoratra azy ireny, ary anisan'izany izy.

Vao teo amin'ny fangatahana visa dia efa nifanesy ny fahasahiranan'i Fanoo. Tao ny olana ara-bola, tao koa ny ara-taratasy. Telo taona no naharetan'izany. Niara-nisedra izany anefa izy mianakavy. Tonga ary ny fotoana handaozan'i Fanoo, i Ella vadiny, i Sandy, i Grace sy i Sissi ary i Lolo zanany an'i Madagasikara. Ny nandingana ny ranomasimbe Indiana no sedra mora indrindra natrehin'izy ireo. Fa sarotra lavitra ny nanorenena fonenana tany Aostralia, toy ireny mamaky tany efitra mba hidirana ny tany kanaana ireny mihitsy. Sedra maro no natrehin'i Fanoo sy Ella tany Darwin. Nahagaga anefa fa isaky ny efa mby ho kivy izy ireo dia nisy vahaolana tonga ara-potoana mandrakariva. Efa saika very trano, very asa izy ireo, hatramin'ny tokatrano aza saika rava. Nisy fotoana izy ireo tsy nisy vola mihitsy fa lany vatsy.

Ny tena nahaliana dia ny zava-nitranga tamin'ny

volana faha enina amby roapolo nifindran'izy ireo monina, saika hankalaza ny krismasy tany Madagasikara i Fanoo mianakavy kanjo tavela tao Singapour izy ireo noho ny olana tamin'ny visa. Efa sahirana mafy sy nanirery tao amin'ny toby seranana tao Changi izy mianakavy, no injay tonga i Lee nampiantrano azy ireo. Niova ho fifaliana tanteraka ilay hakiviana teo raha nitsidika an'i Singapour izy ireo.

Nanjary nampientanentana sy nitondra fiovana tanteraka tamin'ny fiainan'i Fanoo iny dia iny. Nifandimby tao ny tebiteby, ny hakiviana, ny fanantenana sy ny fikirizana. Tao anatin'izany izy no niaina ny fitahian'ny Tompo. Ny nahatongavan'i Fanoo sy ny fianakaviany tany Madagasikara enim-bolana taty aoriana no namarana ny tantara. Amin'ny maha *Black Candy* azy dia mbola nahatsiaro ho vahiny tompon-tany ihany izy fa tamin'ity kosa dia afaka nirehareha izy ny amin'ny nahatanterahan'ny nofinofiny sy ny nahitany zava-mahagaga teo amin'ny fiainany.

Angelo Razafimamonjy

Teny fototra:

Namana, irery, dia, nofy, tsy manan-kialofana, finoana, krismasy, sidina, visa, fifindra-monina, Madagasikara, Aostralia, Singapour, Darwin, Mahajanga, Tana, Foulpointe, fitrandrahana, asa, mainty hoditra, fianakaviana, Andriamanitra.

ZOTRA IRAISAM-PIRENENA

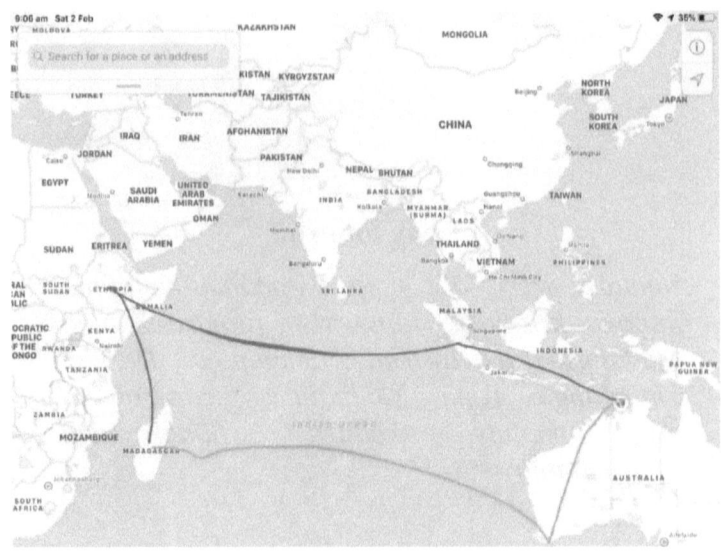

Voalohany – Maitso 2015 Madagasikara - Aostralia
Faha 2 - Mavo 2017 Aostralia – Singapour - Aostralia
Faha 3 – Manga 2018 Aostralia - Madagasikara

MADAGASIKARA

*Antananarivo: renivohitr'i Madagasikara izay
nitrangan'ny fanalam-baraka
hajanga: tanàna nihaonan'i Fanoo sy i Ella voalohany
ramanga: tanàna kely ahitana ny fitrandrahana harena
an-kibon'ny tany izay nonenan'i Fanoo*

DARWIN, Faritr'Avaratr'i Aostralia

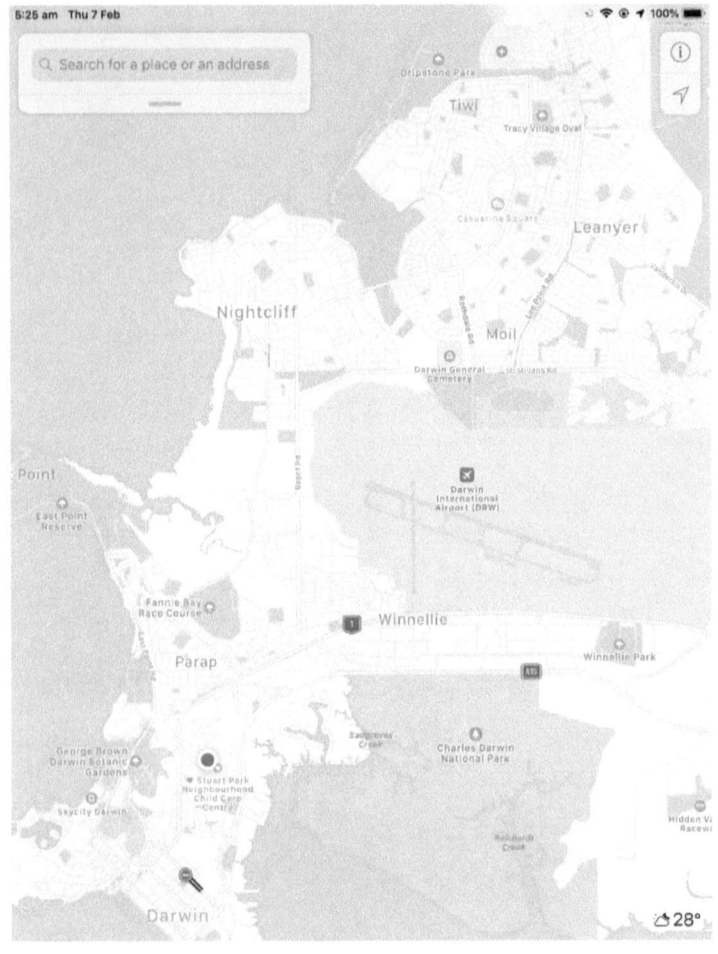

Darwin: distrika ifantohan'ny asa izay nivantan'i Fanoo noho ny asany
Casuarina: toerana misy ny oniversite nianaran'i Ella
Stuart Park: faritra nitoeran'i Fanoo sy ny fianakaviany

MISAOTRA ANAO

niaina ny nofinofy aostraliana niaraka taminay.

Te hisaotra anareo rehetra izay nanampy anay nandritra iny diabe iny koa izahay. Ny Tompo anie homba anareo.

Madagasikara

Andrew, Sylvie, Paul, Johan, Samuel, Saotra, Caroline, Maurice, Baholy, Anja, Dera, Harisoa, Mbolatiana. Fenitra. Narindra, Pr Zarazaka, Pr Fidy, VFL, STK, S Ambohitranjavidy, Didi, Nadia, Violette, M Sitraka, Lycee FJKM Moramanga, Mpikidaon

Rasoarifenomazava, Atoa Richard, Hasina, Finoana Benja, Nadia, Vola, Christophe, Zoky Jonah, Maitre Hanitra, Razafiarinoro, Razaline, Malala, Josiane, Zoky Brigitte, Zoky Kiki.

Aostralia sy Singapour

Danielle, Madeleine, Dr Robert, Liliane, Bob, Rev Rob, Jeanette, Doug, Irene, Nathaniel, Lili, Daval, Rhiddi, Fung, Jenny, Sarah B., Jenny B., Fiangonana presbyteriana tao Darwin, Françoise, Kathy, Shella, Pip, Brian, Mo, Robin, Mahongo, Anne-marie, Katherine, Nadina, Ron, Foibe ara-kolotsaina marolafy ao amin'ny faritra avaratr'i Aostralia, Vanessa, Anglicare, Daisy, Lakroa mena, Curtis, Kristy, Sungkeng, Judy, Barry, Luke, Daniel, Clara, JennyF, Phong, Lindsay, the Goosens, Francess, Michelle, Jesse, Andrew, Greg, Roland, Brooke, Tony, Cam, Andrew,

Jesse, Vijay, Cruz, Chubasco sy ireo tsy voatonona tsy nahy.

IREO MPIARA-MIASA

ABC Radio Darwin, Foibe ara-kolotsaina marolafy ao amin'ny faritra avaratr'i Aostralia, Tranom-pamokarana Fusion Lifestyle, PCMart, Fiangonana Presbyteriana tao Darwin, Sampana fifindra-monina NT , Amboaram-peo tao Darwin, Bezanozano Hotel, Paradise Garden Madagascar, Jardin des Valmonts,...

MPANOHANA TAMIN'NY KICKSTARTER

Andrisoa Rakotoniaina, Barry Porter, Basir Misaghi, Boanalidy Suzanah, Brisa Ariana Rico Nolasco, Bygoneweevile, Claudia Manu, Crowdfunding Marketing, Curtis Kam, Danielle Tinapple, Dhaval Metha, Elysa, Havinder, Rondromalala, Fataneh Misaghi, Fusion Lifestyle Production, Goosens' family, Jenny Bradshaw, Jonathan Chan, Jyoti Maggu, Kathy Smart, Kelly Carne, Kristy Kam, Lanziz Homar, Linda Henning, Luke Eglinton, Manu Randria, Milan Radman, Nadina Morarescu, Nathan Gregoire, Phong Phan, Rina Razafimahefa, Rojita Thapa, Roshan Thapa, Sandra Razafindradona, Sarah Brightwell, fanohanana ataon'ny BackerKit.

Momba ny mpanoratra:

Angelo Razafimamonjy, raim-pianakaviana, teratany Malagasy, mpifindra monina any Aostralia, ary "mpampiofana ireo maniry hanatanteraka ny nofinofiny", dia olona mafana fo amin'ny fanohanana ny hafa ho tafita amin'ny fiainana. Amin'ny maha mpanoratra, mpandahateny, ary mpampiofana azy dia nanampy olona maro izy hisedra ny tsy rariny amin'ny fiainana, hitondra fiovana sy hanefy ny tenan'izy ireo, ka nanampy azy ireo hanatanteraka ny nofiny.

Niasa tao amina tanana kely fitrandrahana harena ankibontany i Angelo, tany an-tanindrazany, Madagasikara. Nahatsiaro ho vahiny-tompontany mandrakariva anefa izy tao anatin'izany. Ny talentany, ny fanampian'ny mpiray tanindrazana aminy, ary ny finoany no nanampy azy hamadika ny fahasosorany ho hery hananavao azy.

Tia mizara ny hafaliany tamin'ireo namany i Angelo sy ny ankohonany, miaraka amin'ny gitara sy ny tonotono.

Manasa anao izy anio hanefy ny fiainanao mba ho olombaovao vonona hanatanterahana ny nofinao ianao.

Mifandraisa aminay amin'ny :
www.blackcandyoz.com
***

Nofy. Finoana. Namana.
Raha hifandray amin'ny mpanoratra:
Adiresy mailaka: angelo.raza@blackcandyoz.com
Tranokala: www.blackcandyoz.com
Instagram: arblackcandyoz
Facebook: Black Candy
Twitter: AngeloRaza_BC

BlackCandy.

Fifanakalozan-kevitra momba ny boky

1. Fanalam-baraka na tranga tsy rariny toa inona no efa niainanao tao amin'ny fiaraha-monina?
2. Inona no mba nofinofinao, izany hoe, toe-piainana toy inona no irinao?
3. Raha mba ianao no teo amin'ny toeran'ny Black Candy, inona no vahaolana hafa hitanao ankoatry ny mifindra monina?
4. Aminao, inon no manosika hitady fiovana?
5. Inona no fananana eo am-pelatananao afaka ampiasaina hanatanterahanao ny nofinao?
6. Ahoana ny hevitrao momba ny safidin'i Black Candy hitondra ny ankohonany amina fanamby lehibe toy izao? Inona no tombotsoa sy lafiratsin'izany safidy izany?
7. Vonona ve ianao hiala amin'ny asanao izao hahatanteraka ny nofinofinao?
8. Nandritra ny famakiana ny tantaran'i Black Candy dia inona no tetika hitanao mahomby hitazomana ny maha-mpinamana?
9. Inona no lesona tsoahinao tamin'ny olana ara-tokatranon'i Black Candy?
10. Inona no fiantraika nisy teo amin'ny fijerinao an'Andriamanitra tamin'ilay tranga tany Singapour?
11. Inona no hevitrao momba ny olana ateraky ny doko roa? (double identite)
12. Ao amin'ny toko farany, inona no mety ho fanalahidin'ny fianakaviana sambatra?
13. Momba ny fanorenam-ponenana, ahoana ny hevitrao momba ny asa soa sy fiantrana?

14. Fotoana, ezaka ary vola toy ny ahoana no sahinao atokana ho an'ny sahirana?
15. Rehefa avy namaky ny tantara ianao, mbola vonona ve ianao hanatanteraka ny nofinao?
16. Maniry ny handray fampihofanana ve ianao amin'ny fanatanterahana ny nofinao?

Raha eny, dia miarahaba anao aho!

Safidio amin'ity lisitra eto ambany ity ny vatomaminao:

TANJONA	TETIK'ASA
Manana tanjona mazava aho	☐ DREAMWALKERS (Fampiofanana misy taranja 6)
Te hahafantatra bebe kokoa ny nofiko aho	☐ DREAM RAIDER (Fampiofanana mpitarika ao anaty fiarabe iraisana mandritra ny 10 andro any Madagasikara)
Te hifindra monina any Aostralia	☐ WALKING THE AUSTRALIAN DREAM (fampihofanana sy fanomanana anao mandritra ny fifindra-monina any Aostralia) – N.B. Tsy sampan-draharaha misahana ny fifindra-monina izahay fa kosa manampy anao hanatanteraka ny nofinao.)

VOAVAKINAO ILAY BOKY
VONONA VE IANAO HANANDRANA IRETO
VATOMAMY IRETO?

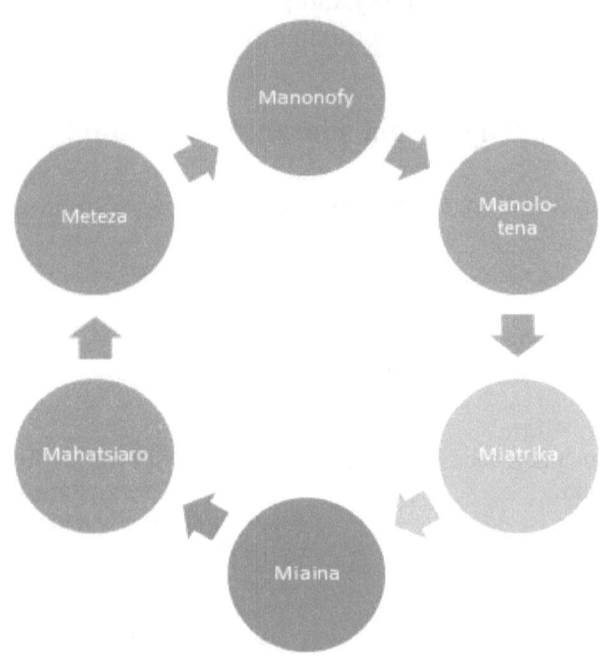

ANJARANAO INDRAY IZAO NY MIAINA NY NOFINAO MBA hITONDRA FIOVANA

WWW.BLACKCANDY.COM.AU

BlackCandy.

MIOVA MBA HANOVA

| FIOMBONANA | ZARAKANTO | SERASERA |

Miova mba Hanova! Miandry anao ny fanamby vaovao.

Misaotra anao niaina ny nofy aostraliana niaraka taminay.